「良い感情の連鎖」が
空気を変える

ワクワクする職場をつくる。

株式会社ジェイフィール代表取締役社長
東京理科大学大学院教授
高橋克徳

株式会社ジェイフィール取締役
重光直之

実業之日本社

「良い感情の連鎖」を起こすことで、
人と組織は動き出す。
あきらめ感を脱して、未来に希望が持てる
「ワクワクする職場」に必ず変われる。

はじめに

今、日本の職場の五割は明らかな問題を抱えており、七割の職場が活力のないものになっています。

目の前の仕事に追い立てられる日々。やるべきことはしっかりやっているのに、どこかむなしい。自分は本当にいい仕事をしているのか、誰かに喜んでもらえる仕事をしているのか、よくわからなくなる。

それは周囲も同じかもしれない。職場の仲間もみんな忙しい。でも、**本当のところどう思っているのかはわからない。気づくとみんな個人商店でバラバラ。**

会社全体を見ても、どこか閉塞感が漂っている。会社はどこに向かおうとしているのか。**結局は何も変わらないというあきらめ感が広がっていく。**

あなたも、同じようなことを感じてはいないでしょうか。

中には、仕事はつらいのが当たり前。だから給与がもらえるんだし、仕事でワクワクするなんて幻想だと思う人もいるかもしれません。

職場だって、仲良しクラブじゃないんだから、業務上で必要なやり取りさえできれば十分だと思う人もいるでしょう。

会社がしっかり業績を上げて存続しなければ、雇用も何もないのだから、会社に夢や希望を持つなんて期待しすぎだと思う人もいるかもしれません。

心のどこかで、本当にそれでいいのかと思う自分もいるけれど、状況は変わらない、むしろこれ以上大変になるくらいなら、今を受け入れようという自分もいる。

どこか割り切れない、もやもやとした気持ちになってしまうのも、当然だと思います。

本当にあきらめたわけではないかもしれないが、あきらめかけた気持ちが互いを閉じ込めていく職場。**こんな「あきらめ職場」が、会社全体に広がっている**ように思います。

しかし、この本を手に取ったあなたは、どこかでこんな働き方を続けていたくない、仕事に、職場に、未来にもっとワクワクしたい。そう思っているのではないでしょうか。

私たちは、ジェイフィールという会社で、人と組織の変革を支援しています。

「不機嫌な職場」をなくしたい、職場で働く人たちが自信を取り戻し、組織全体が活力を

取り戻していく応援がしたい。そんな思いで、多くの企業変革をお手伝いしてきました。

そんな中で、ここ数年で変化してきたと思うことがあります。それは、人事部、人材開発部、経営企画部だけでなく、**現場の部門長、管理職、中堅社員からの相談**が増え、自分たちにできることから踏み出していこうという動きが多くなっていることです。

踏み出すといっても、**素直な自分の気持ちを伝えること、ちょっとだけ勇気を持って言葉にしてみることがきっかけ**です。それが、周囲の気持ちを変えていく、周囲の行動を変えていく。自分の心をせき止めていたダムが決壊するかのごとく、大きなうねりを生み出していく。こんな瞬間に出会うことが実際に増えてきているのです。


本当はもっと、楽しく仕事がしたい、仕事にワクワクしたい。

本当はもっと、上司も同僚も大切な仲間だと思えるようになりたい。

本当はもっと、自分たちがやっていることに夢と誇りを持ちたい。

そんな気持ちが、どこかで溢れ出すと、それが大きな力となって周囲に連鎖反応を起こしていきます。
この本を手に取った**あなたの中にも、きっとこういった「あきらめない気持ち」がある**

のではないでしょうか。だったら、どうしたら自分もみんなも心から前向きになれるか、ワクワク働けるようになるか、一緒に考えていきましょう。

この本の中には、今の状況を変えたい、人と組織を心から元気にしたいと思って頑張っている人たちがたくさん出てきます。他にも、こういった人たちが確実に増えています。だから、あきらめないでください。「仕事が面白い」「職場が楽しい」「会社が好きだ」と一つでもいいので、心から言える日が来る。そんな未来をつくりたいという気持ちが、この本を通じて「強い思い」に変わっていただけたら、望外の喜びです。

高橋克徳
重光直之

二〇一五年二月

もくじ

ワクワクする職場をつくる。

第1章 「あきらめ職場」が増えている

第2章

私たちは何を見失っているのか

第3章

組織を変えるカギはどこにあるか？

第4章

【ステップ1】関係革新～感情とつながりを再生する

第5章

【ステップ2】仕事革新～働く喜びを取り戻す

第6章
【ステップ3】未来革新～夢や志を持って、未来を拓く

装幀……長坂勇司
本文設計・DTP……ムーブ（新田由起子・川野有佐）
校正……鷗來堂

第1章

「あきらめ職場」が増えている

メールにCCが多い職場の共通点

「担当者レベルの案件なのに、上長や他部門などたくさんのCCがついたメールが来た」
「自分が出したメールの返信に、新たにCCがいくつもついている」

「本当にこんなに多くのCCが必要なんだろうか」

今やメールは、仕事を効率的に進めていくために、誰にとっても欠かせないツールになりました。情報の共有、仕事の依頼、進捗管理、業務間の調整など、多くの仕事がメールのやり取りで進んでいきます。

ところが、この便利なメールを自分の仕事を効率的に進めるためのツールだと思うと、さまざまな問題やストレスを抱えることになります。

多くの人たちは、こちらの事情に合わせて、すぐに返信、対応してくれないからです。中には、メールをしっかり見てくれない人もおり、その結果、仕事が遅れてしまうことも多々あります。

こんな状態が続くと、つい苛立ったメールを送ってしまう人、逆に自分のことを誰もきちんと考えてくれないと落ち込んでしまう人も出てきます。気づくと自分はしっかりやっているということがわかってほしくて、漏れのないように関連する人にはすべて送ろう、できるだけ多くの人にCCを入れておこう、こんな心理も働きやすくなります。

受け手も、自分には関係のなさそうなメールまで何でもCCで送られてきて、正直どう対処していいかわからなくなる。でも、きちんと対応していないと責められたくはない。だから、すぐに返信できるときは、「私はちゃんと対応しましたよ」とばかりに、自分もCCで全員に送り返す。

あなたの職場でも、こんなメールが飛び交っていませんか。

気づくと、みんなが自分を守るためのツールとしてメールを使っている。どこかで「自分はしっかりとやっている」ということを主張するためのツールとして使っている。だから、**多くのメールがやり取りされるほど、互いの関係は希薄になっていく。**

メールは本来、個人のための一方向のツールではなく、互いのための双方向のツールであるはずです。思いやりを交換するツールにも変えることができるはずです。ですが、時に追い込まれた人たちが、さらに互いを追い込むツールに変えてしまう。

みんなが本当に心の余裕をなくしているのです。

増え続ける「要注意職場」

こうしたメールのやり取りに代表されるコミュニケーションの変容が、**お互いの関わり方を変え、協力し合えない「不機嫌な職場」を生んでいきました。**

ジェイフィールでは、こうした職場の状況をみんなで共有して、みんなで変えていく活動を支援するために、職場に広がる感情や空気感を「組織感情」と定義し、職場のメンバーが周囲の感情をどう感じているのかを調査する「組織感情診断」を多くの企業、職場で実施しています。

組織感情は、「イキイキ感情」「あたたか感情」「冷え冷え感情」「ギスギス感情」の四つに分類されますが（詳しくは94ページで後述）、実際にデータを取ってみると、ギスギス感情や冷え冷え感情という不快感情が職場全体に蔓延し、もう一緒に働きたくないという状態にまで陥っている不機嫌な職場は、全職場の七％程度で、そう多くはありません。

でも、明らかに不快感情が部分的にでも広がり、メンバーが苛立っていたり、落ち込んだり、冷めている感情が広がっている**要注意職場が四割程度**あります。

さらに、不快感情は少ないものの、イキイキ感情やあたたか感情も高く出ているわけではない快適な職場も二割程度ありました。居心地はいいけれど、活力はない。そんな職場です。

しかも、これまで実施したデータを二〇一二年の三月末までと、それ以降で分けて比較をしてみると、快適な職場が減り、要注意職場が増えていることがわかりました。すべてが同じ職場ではありませんので単純に比較はできませんが、でも大きな傾向として、要注意職場の比率が高まっているということはいえそうです。

こうして見てくると、**日本の職場の半分近くが明らかな問題を抱えており、**快適職場まで合わせて**七割ぐらいの職場が活力のない、前向きなチャレンジのできない職場になっている**ということになります。

今、多くの人があきらめ感を覚えている

今、職場で何が起きているのか、客観的に見てみましょう。

一人ひとりが自分の仕事で精いっぱい。自力で成果を出せといわれて、余裕をなくし、周囲から孤立し、何をしているのか、考えているのかが見えなくなる人ばかりをつくってしまう。これが、そこで働く人の気持ちを追い込んでしまったことは確かです。

問題は、こうした感情状態が固定してしまうことです。

最初は、自分も成果を出さないといけない、みんなについていかないといけない、ミスをしてはいけないと強いプレッシャーを感じ、それが強いストレスになっていきます。そのうまくいかない状況が続くと自分に苛立ち、イライラに気づいてくれない周囲に不信感を持つようになり、ギスギス感情として広がっていきます。**でも、まだイラついている状態であれば、周囲に不満を漏らしたり、ぶつかり合うこともできます。**

ところが、この状態が長く続くと、人の感情レベルはさらに低下してしまいます。このままで、自分も組織も大丈夫なのだろうか、ちゃんとやっていけるのだろうかと不安感を募らせ、状況が改善されないと、前向きな気持ちが持てなくなり、自分に自信を失っていく人も増えていく。**最終的には、何をしてもどうせ変わらない、我慢しよう、耐えようといった「あきらめ感」が職場全体に広がっていく**ことになります。

組織感情診断の結果を見ると、一番問題だと思うのは、この**「あきらめ感」を覚えている人が過半数を超える職場が非常に多い**ことです。

「何をやっても状況は変えられない、だからじっと我慢するしかない」という感情が、人の心をどんどん蝕《むしば》んでいく。それが、この十数年の中で職場の活力、一人ひとりの前向きさを奪ってしまったのです。

感情を押し殺して働く「無感情職場」

こうした状態が続くと、人はどうなっていくのでしょうか。

多くの人は、自分の感情を押し殺すようになります。**じっとして、周囲の状況に流されない、振り回されないように、心の感度を鈍らせていきます。**

経営者が厳しいメッセージを出したり、管理職が一方的な指示をしても、いちいち腹を立てない、イライラしない。そうやって心を乱されて疲弊するぐらいなら、じっとしていよう、やり過ごそう。それが一番賢い生き方だと思うようになる。

そのうち本当に何も感じなくなる。経営者や上司がいっていることが、耳に入ってこなくなる。そうして自分の感情を守るために、自分の心を閉ざしていく。

こんな人たちばかりの職場を、感情が交流しない職場という意味で、**「無感情職場」**と呼んでいます。

みんな、目の前の仕事、自分の仕事はしっかりやっています。だから、仕事のために必要な情報は伝え合っています。

でも、そこに感情を乗せない。無機質な会話だけが繰り返される。困っている、苛立っている、悩んでいる、落ち込んでいる……そんな気持ちがあっても、気づかれないように、自分の中に押し込めていく。

こうした職場で働いていると、ますます自分の感情が見えなくなります。自分自身が本当はどうしたいのか、自分が本当はどうありたいのかが見えなくなる。そして感情を切り離して働くことに慣れていく。

確かに、仕事や職場で感情的になるのはよくありませんが、仕事に感情を持ち込んではいけないのでしょうか。

つらいことをつらいといえない、悩んでいても自分で抱えるしかない、うれしいことがあっても喜びを分かち合えない。

感情が交流しないことは、一見、余計なことに巻き込まれず、楽なことのように思えます。でも実は、自分の感情を出せない、負の感情を自分の中にため込んでいくことにもなってしまいます。これでは、自分の心を守ることができなくなります。

「頑張ってもムダ。だったら……」

こうした職場の状況は、人からさらに前向きさを奪っていきます。

「管理職にはなりたくない。管理職になって負担が大きくなるのは不安だし、私は今のままの立場のほうがいいです」

「新しいことにチャレンジしろといわれても、目の前の仕事で精いっぱいですし、そんな余裕はありません」

「これって私の役割じゃないです。私はそんなに器用ではないので、その仕事までやるのは無理です」

「私生活を大事にしたいので、定時には帰らせていただきます。仕事は四時までに頼んでくださいね」

みんな本当に一杯いっぱいなのです。頑張っても報われるどころか、ますます追い込まれるだけだと思っているのです。だからこれ以上、負担を増やしたくない。

管理職もいつの間にか、一番しわ寄せがくる負担の多い仕事になってしまいました。メンバーの雇用形態や勤務形態が多様化し、難易度も上がっているのに、自分の成果も出さないといけない。今は、プレイングマネジャーであることが当たり前の時代です。

コンプライアンスや個人情報保護、セクハラやパワハラ、気を遣うことばかり。ちょっと厳しいことをいうと、部下も敏感になっていて、落ち込ませてしまったり、それこそ急に辞めるといわれてしまったり。飲みにも誘えない、ちゃんと話せないといって、悩みを深めるばかりの管理職も実に多くいます。

就職氷河期に厳しい関門をくぐり抜けて入社した今の三〇代中堅世代も、入社以来、自力でやれ、自分のキャリアは自分で切り拓くものだといわれて、強いプレッシャーの中で育ってきました。一人ひとりがプロ意識を持ち、自律していくことがずっと求められたのです。

そんな風に頑張ってきたのですから、時代遅れのスキルしかなく、いい加減な仕事をしているバブル世代が許せない。自分で考えず、すぐに答えやマニュアルを求めようとする若手世代が許せない。

一方で、あなたももう中堅なんだから新しいことをやってください、リーダーシップを発揮してくださいといわれても、そんな経験もないし、自信もない。チャレンジをしたり、自らリーダーシップを取る経験やそのための教育が行われてこなかった世代でもあるのです。自分はマネジャーやリーダーになれるのだろうか。そんな漠然とした不安を抱えている人が増えているのです。

批判はされたくない。だからソコソコで十分

若手社員にも変化が起きています。インターネットが普及し、就職へのエントリーも簡単になる。ところが五〇社、一〇〇社とエントリーしても、採用してもらえたのは一社だけ。親や周囲に大切に育ててもらい、自分なりの個性もあると思ってきたのに、それを認めてくれない企業社会に直面する。

それでも就職できた企業だから頑張ろうと思う。でも、就職したあとも不安がつきまとう。ダメだと思われたくない、はじかれたくない。だから、**誰にも責められないように、大きなミスを犯さないように、目立たないでいよう……**。どこかこんな風に、自分らしく振る舞えない自分になっていく。

携帯電話やスマホを学生時代から手にして育った世代です。誰かとつながっていたい、仲間が欲しいという意識も強くあります。同時に、その仲間からはじかれたくないという気持ちも強い。ありのままの自分を見せたり、他者とぶつかって、関係がこじれるようなことはしたくない。深い関係になるよりも、浅いかもしれないけれど、ソコソコの良い関係を維持したい。

日常の生活においても同じです。無理をするよりも、今できることをちゃんとやろう。贅沢はしなくていいし、欲しいものが特にあるわけでもない。出世したいとか、もっと高収入になりたいとか、そんなことよりも、自分の人生を豊かに生きたい。会社に振り回され都合よく使われないようにしたい。こんな思いが強くなっています。

そんな中で、認知の場をネット上に見いだした人たちもいます。自分がやっていること、感じていること、考えたことを発信すると、「いいね！」という認知が返ってくる。自分の存在を肯定してくれる仲間がいる。職場よりも健全で、自分らしく振る舞える。そう感じている人たちもいます。

仕事や職場で無理をすることに、どのような意味があるのか。無理をしても何も返ってこないのなら、じっとしていたほうがいい、この場をやり過ごしたほうがいい。自分にとって仕事なんて、生活のホンの一部だと思えばいい。

そういって、無理をしない生き方が一番賢い生き方だと割り切ってしまった人たちも、少しずつ増えているようです。

それぞれの世代が、自分の置かれた状況に影響され、自分の心を閉じ込め、委縮しながら生きているように思います。

最初は、苛立ちから始まり、それがやがて不安に変わり、最後はあきらめ感になっていく。そうなると、**人は自分を守るために、自分を納得させる説明を探し始める。**どうせ会社なんて頼りにならない、会社が自分のことを守ってくれるわけでもない。だったら、会社と適度な距離をとったほうが良い。

会社に期待するほうが間違っている。あくまで会社は給与をもらうための手段。仕事で自己実現しなくても、もっとやりたいことがある、もっと自分らしくイキイキできる場や仲間もいる。だったら、会社で無理する必要はない。

目いっぱいなんてばからしい、ソコソコでいい。ソコソコやっているだけで、今の時代、すごいこと。ソコソコやっていれば、誰にも非難されないし、自分にも無理がこない。だから、何事もソコソコが一番。会社との関係も、仕事の頑張りもソコソコがいい。

ソコソコという言葉の中にある、「良い加減」というニュアンスが、これからの賢い生き方のようにも感じます。でも、それは同時に、「いい加減」でしか考えない、行動しない自分になることを事前に決めてしまうことにもなりかねないのです。

あきらめきれない自分がいませんか？

ビジネス環境の大きな変化がこうした状況をつくり出したのですし、特に若手世代からするとそうした状況が当たり前の中で企業に入ってきたのですから、ますます自分がどうこういえることではないと思うことでしょう。

バブル経済の崩壊をきっかけに、企業は多くのものを切り捨てなければならなくなりました。収益構造を回復させるために、収益性の低い事業や製品だけでなく、抱えきれない子会社や取引先、社員たちも、切り捨てなければならなくなりました。そして、残った人たちも、個々人が目の前の成果、収益を出すために、日々の仕事を回し続けることを強いられていきました。

世の中全体が、こうした重苦しい状況の中で、一人ひとりを閉じ込め、希望や夢が持てずに、孤独に働く人たちを生み出していったのです。それを自分の力で変えることなんかできない。そう思うのは当たり前だと思います。

でも、本当にこのままでいいのか、そう悩んでいる人もたくさんいます。

マネジャーの中には、部下ともっと向き合わなければ、彼らともっと対話しなければと真剣に悩んでいる人たちもいます。

シニア社員の中には、このままで終わりたくない、自分にもまだまだできることがある。もう一度、イキイキと働く自分を取り戻したいと思っている人もいます。

バブル期入社の中核世代の中には、若手をもっと元気にしたい、バブル期のような活気のある会社、雰囲気を取り戻したいと思っている人もいます。

中堅社員の中にも、自分の将来に不安を感じながら、自分がどういうリーダーになればいいのか真剣に悩み、自分の中にある不安と格闘している人もいます。

若手社員の中にも、就職してみて、自分の期待と違っている部分はあっても、どうにか成長したい、自分なりに周囲から認めてもらえる人材になりたいと思っている人もいます。

ソコソコでいい、どうせ何も変わらないと自分に言い聞かせながらも、そう割り切れない自分がいる。その苦しみを口にせず、表情に出さないようにしながらも、心の奥底に抱え込んでいる人が数多くいるのです。

本当にここであきらめていいのか、ちょっと踏みとどまって、考えてみませんか。

確かに、社会全体が変わらなければ、企業という仕組みが変わらなければ、今の状況は変えられないと思うのは当然です。しかし、実際に、多くの企業で思いを取り戻し、組織の中に良い連鎖が生まれ、イキイキとした人たちが増えていく姿を見てくると、自分たちだからこそ変えられることがあるとわかります。

最初は不安だし、自分が組織を変えようと思っていたわけでもない。でも、お互いが本当の心の中にあるものを伝え合い、ともに悩み、ともに考える中で、自分なりの一歩を踏み出していく人たちが出てきます。そうした人たちが、連鎖し、大きなうねりになっていった企業もあります。

だから、あきらめないでほしいのです。

人は変われます。組織も変われます。

あなたも、企業も、きっと輝けます。

そうなりたいと思う自分が、まだ心のどこかにいるなら、ぜひこの本を通じて一緒に考えてみてください。

きっと**あなたなりの、あなたの組織なりの一歩の踏み出し方が見えてくる**と思います。

ストーリーで読む組織変革

第1幕

これからご紹介するのは、ある企業で起こった組織変革の物語です。私たちが関わらせてもらったいくつかの会社の事例を統合して一つの企業として描いています。しかし、組織が抱えていた課題と、それに立ち向かっていった人々の葛藤と奮闘の様子は、決して創作ではなく実話です。ぜひ、一緒に組織変革のプロセスを体感してください。

突然、人事部から届いたメール

エコロジーシステム株式会社の商品企画部長、中島（四五歳）は、「ちっ」と舌打ちして、開いたばかりのメールの画面を閉じた。目の前に座っている部下の田中は、不機嫌そうな中島の様子を敏感に感じ、関わりを恐れて素知らぬふりを決め込んだ。無関心を装いながらも、ちらりと上目使いで様子をうかがう。それ以上、ことが大きくなる風はないので、ホッとして目の前の仕事に集中し直した。

中島は、田中の微妙な視線に気づき、「おまえのことじゃないよ。そんなにビクつくな」と心の中でたしなめた。そして、大きめのため息を吐くと、傍らにあった「クレーム・トラブル報告書」の束を手元に手繰り寄せた。

しかし、数分も経たないうちに、もう一度先ほどのメールの画面を広げた。画面には、〈毎週金曜日　8：30〜9：45　於 本社6階会議室　全30回〉とあった。

新しい研修への招集案内だった。教育熱心なエコロジーシステム社の社員にとって、今さら研修は珍しくないが、全三〇回とはどういうことだろうか。新年度早々、五月からスタートして、来年の二月までである。一〇カ月という長期間で、ほぼ一年中、研修に参加することになるわけだ。

「マジかよ」

思わず心の中でつぶやき、それが舌打ちとして外に現れた。

「事業が伸び悩んでいるのは、オレたち部長に問題があるということか⁉」

中島は、部長に対する社長の三宅の発言が、昨年辺りから厳しさを増しているように感じていた。

「部長を鍛えれば、業績が良くなると思っているんだろう。だけど、これだけ日々の業務に追われているのに、これ以上、何をやれっていうんだ？」

考えるほど、気分が悪くなるので、再び研修案内のメールを閉じた。

同じメールは、本社機構に属する一六名の部長全員に届いていた。

「この忙しいのに、毎週、わけのわからない研修に出るなんて無茶だ」

「そもそも研修なんて、何の役にも立たない」

「部長研修なんかで会社が変わるはずがない」

そうつぶやいた中島は、人事担当役員である人見にメールを打ち始めた。中島は、最近の社内の様子が気になっていた。事業が拡大して組織が大きくなるとともに、社内によそよそしい雰囲気が充満しつつあった。昔は、もっとフランクに皆、話し合ったものだった。

そもそも、これだけの時間を拘束する研修の案内をメール一本で送ってくることもなかった。

〈こういった案内をメールで済ませること自体が……〉とまで書いたところで、中島の手が止まった。

「なぜオレはメールを打っているんだ？　なぜ電話して直接言おうとしてないんだ？」

中島は、自分でも何をしようとしているのかわからなくなり、ムシャクシャして書きかけのメールを削除した。

「今さら、あれこれいっても、この研修が覆るわけでもない。サラリーマンは人事の指示には逆らえないからな」と中島は自分に言い聞かせて、今度は、システム開発部から突き返された要件定義書に手を伸ばした。

内省と対話のワークショップが始まった

五月のゴールデンウィーク明けに、一〇カ月間のワークショップがスタートした。人事担当役員の人見からは次のことが告げられた。

- このワークショップは、社長の三宅肝煎りのプロジェクトである
- これは従来の教えるプログラムではない

・自分たちで学び合い、気づきを得るものである
・メンバー同士の本音の話し合いが大切なので、人事部は一切介入しない
・オフレコの場なので、安心して自由に語り合ってほしい
・特に定めたゴールを設定しているわけではない

確かに、従来のプログラムとはいくつも際立って異なっている点がある。しかし、参加者にとっては、この研修が一〇カ月も続くということ以外、頭に入らなかった。

特に、中島は、初回のキックオフに遅刻した。なので、人見が力を込めて説明した重要なメッセージは一切聞いていない。後半の演習から参加した半ば確信犯だった。

「研修なんて、二の次だ。通常の業務のほうが大事なんだからな」

そんな気持ちをキックオフ遅刻という形で表現したのだ。

そして翌週から、案内通り、毎週金曜日の朝、始業前の八時半から七五分間のワークショップは始まった。フタをあけると、中島の予想に反してほぼ全員が出席してくる。こうなると、そうそう遅刻や欠席はできない。

ワークショップは確かにユニークで、毎回、二度、三度と自分の経験を語ることが要求された。参加者にとって特に厄介だったのは、冒頭のマネジメントハプニングス（略称：

マネハプ）というフリートークの時間である。一週間に起こった出来事の共有ということだったが、何を話したらいいのか、見当がつかない。

もちろん、ハプニングという意味では、毎週いろんなことがある。しかし、社内には、微妙な部門のヒエラルキーがあり、そのことは誰でも知っている。システム開発部と、中島が属する商品企画部が、どこよりも幅を利かせている。社内の各部署の責任者がいる場で、自分から弱みを見せるようなことはいえないし、最強のシステム開発部に楯突くようなことは、口に出せるわけもない。

おとなしくしていようと決めた中島は、毎週、部内の小さな出来事や問題にならなかった部下のミスを語った。他の部長たちも、やはり同じようなことを感じているようだった。

こうして、当たり障りのない出来事と、時折、すでに時効になった、みんなが知らない裏事情が交換されて時間が過ぎていった。

79ページへ続く⬅

第2章

私たちは何を見失っているのか

なぜあきらめ感が消えないのか

仕事に前向きになれない。職場も会社も元気がない。

このままでいいのかと思いながらも、自分の力でどうにかなるものではないと思ってしまう。なぜ、こうしたあきらめの感情を持ってしまうのでしょうか。

分析すると、大きく次の三つの原因に分けられます。

①閉じこもる働き方
②関係の希薄化
③方向感の喪失

①は、目の前の仕事の状況は変えられないという意識から生まれます。

バブル崩壊以降、仕事環境は大きく変わりました。余剰人員が多いとリストラが繰り返され、採用も抑制されました。組織のフラット化という名目で、役割階層も減らされました。実際、部長が直接一〇〇人の部下を見るという状況になった組織もあります。

しかも、ＩＴの進化は、仕事の効率性や生産性を高めただけでなく、業務スピードを加速させました。多くの仕事を一人でこなさなければならない。業務の専門性も高まり、いつの間にか、自分の担当の仕事は自分が一番詳しい、自分にしかわからないという状況になってしまいました。後輩も入ってこない、仕事の生産性も高めなければならない、業務の専門性や難易度も増すばかり。

さらに、コンプライアンスや個人情報保護など、気を遣わなければならないことが増えて、小さなミスや不用意なやり取りが、組織に大きなダメージを与えてしまう。メールの送信ミス、データや資料の管理の不徹底、ちょっとした不注意な言い方がすぐパワハラやセクハラになってしまう。

そこに拍車をかける成果主義。成果主義とはいうものの、会社の成果が出なければいくら頑張っても報われない。むしろ、成果が出ないと、リストラの対象にされるかもしれない。そうした心理が、行動をさらに委縮させていきました。

仕事は難易度とスピードが高まり、リスクが増え、ますます成果が問われる。そうした状況の中で、多くの人たちが自己防衛型の行動を取るようになります。自分ができることはしっかりやる。でもリスクのあること、自分の成果につながらないことはやらない。他の人に協力して、自分の仕事が遅れて、責められたらたまらない。だから、自分の仕事に閉じこもる。みんなが自分の仕事に閉じこもる働き方になってしまったのです。
これがあきらめ感の蔓延、閉塞感から抜け出せない第一の原因です。

忙しそうに働く仲間に声をかけられない

こうした状況に陥っても、どうにかしたい、これでいいのかという気持ちを共有できていたり、思いを伝え合える関係が持続できていれば話は違います。不満を言い合う関係であったとしても、あきらめ感が蔓延することはないでしょう。

ところが、**閉じた働き方は同時に、ともに働くメンバー同士の関係をさらに希薄なものへと変えていきました**。これが第二の原因です。

みんなパソコンに向かって、黙々と仕事をしている。外出ばかり、会議ばかりで机にいない。たまに席に戻ってきても、忙しそうにしていて、声をかけられない。

そうした状況の中で、お互いが気を遣い始めます。こんなことを聞いて迷惑にならないか、相手の邪魔にならないか。そう思うと、ちょっとしたことほど相談しにくくなる。

昼食は一緒にすることはあっても、あまり仕事の話をしない。お互いに自分の成果のために頑張っている。だから、どこか張り合う関係でもある。自分がうまくいったことを話したら、自慢に聞こえないか。そんなことを考えるうちに、当たり障りのない会話しかできなくなる。

さらに職場には、雇用形態や勤務形態の違う人も増えてきた。業務終了時間が来たら、仕事が残っていても帰る人もいる。給与体系も違うから、無理なお願いもできない。**同じ職場の仲間というよりも、お客さんが職場にたくさん増えていく。**そんな感覚を持つ人も増えています。

本当は余計な気遣いだったのかもしれません。でも、こうやって**歯車が狂い出すと、ちょっとしたやり取りがストレスになっていく**のです。

ごく普通の仕事の依頼メールが、頼まれたほうからしてみれば自分勝手な仕事の押しつけに思えてくる。アドバイスのつもりで口にしたことが、嫌味や皮肉にとらえられてしまう。当たり前に接しているつもりなのに、相手は自分を追い込んでいるように感じてしまう。

こんなことをきっかけに、ますます相手を遠ざけてしまい、お互いのことには踏み込まない、関わらないという空気がつくり出されていく。

こうした関係の希薄化が、ますますお互いを見えなくするのです。

この状況を変えようと思っても、相手も同じように変えたいと思っているのかがわからない。自分はこのままでいい、このまま適度な距離があるほうがいい、ストレスがかからなくて済む。そう思っているかもしれないと思うと、自分から近づいていくことができない。

これが閉塞感から抜け出せない二つ目の大きな原因です。

不安が自分を追い込んでいく

こうした**関係の希薄化は、人の思考を孤立させてしまいます**。

自分の中に、仕事の意義を見いだそうとする。ところが、忙しい日々、本音を語る仲間がいない状況が続くと、何のために働いているのか見えなくなる。

本当は、世の中の役に立ちたい、社会を変えたい、人を幸せにするようなものを自らの手で生み出したい、この分野で第一人者といわれるぐらいになりたい、そこまでいかなくても周囲にはよくやっていると認められるようになりたい。

こんな気持ちが、仕事へのやる気や仕事への思いを突き動かしていました。志や夢と呼べるものまでは持てていないかもしれないけれど、仕事が自分を成長させ、自分をイキイキさせてくれるものだという淡い期待は持てていました。

ところが、目の前の業務をこなし続けるうちに、その先に何があるのかが見えなくなる。この仕事をこのまま続けても、自分が成長し、イキイキ働き続けられるとも思えなくなる。自分はこの仕事しかできない。でも、この仕事に未来があるとも思えない。だからといって、いきなり違うことにチャレンジできるとも思えない。結局、目の前の仕事をやり続けるしかないのか。

こうしたネガティブな思考がぐるぐると回り始め、自分の将来に不安が出てくる。その不安がますます自分を追い込む。

将来のことなんて考えても誰もわからない。この仕事がいつ、どういう形で大きな変化にさらされるのかも、今、考えたところでどうにかなるものでもない。だったら、深く考えないようにしよう。

そう思っていくうちに、仕事への志や思い、今の仕事の先にある未来を考えようとしない自分になっていく。

これが閉塞感から抜け出せない第三の原因です。

何が見失われたのか

働く環境が大きく変わったことは、本当はマイナス面だけではありません。

自力でやる状況に置かれたことは、自分で考え、自力で解決する力を高めてくれています。

ＩＴの進化は、部署を越え、会社を越え、国を越えて、いろいろな情報を得ることを可能にし、いろいろな人との時間と空間を越えた対話を可能にしてくれました。得られる情報、共有できる人たちを一気に増やし、新たなチャンスを数多く生み出しています。

雇用形態や勤務形態の違う人たち、さらに性別や世代、国籍の違う人たちがともに働く環境はますます広がり、多様性を生み出していきます。社会全体が多様化していく中で、お互いが何を考え、何を大切にしているのか。それを知ることが、社会全体を知ることにもつながっていくはずです。

そして、**未来が見えないのは、未来が予測できないぐらい大きな変化をする可能性があるからです。**今の延長線上に未来があるとは限らない。そう思えば、本当はもっともっと可能性を探り出したくなるはずです。

職場から何が見失われたのか

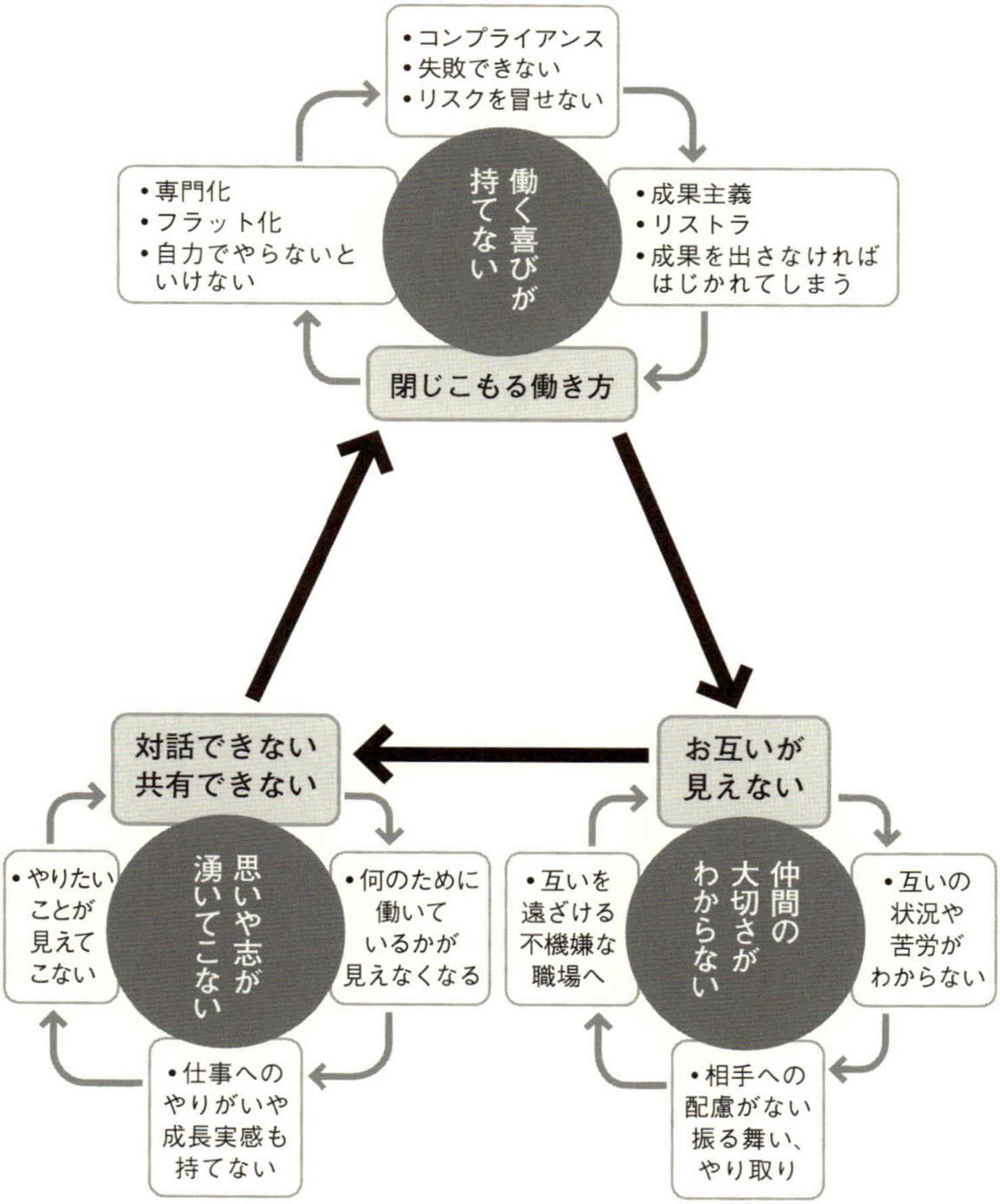

でも、こうした変化を前向きにとらえる前に、**変化にとらわれ、既成概念の中に自分を閉じ込めてしまった人たちが数多く生まれた**のです。

その中でイキイキ働く上で大切なことが見失われています。

一つ目は、働く喜びです。

仕事というものは、元来、つらいものです。自分の心と体を使って労力を提供するわけですから、心も体も疲れていくのは当たり前です。

それでも、仕事を前向きにとらえ、仕事で頑張ることができるのは、そうした労力の提供に見合う、あるいはそれを超える何かが自分に返ってくるからです。

それが収入という人もいると思います。確かに労力に見合う、それ以上の給与がもらえれば、苦しい仕事だって耐えられるかもしれません。

ただし、アメリカの臨床心理学者フレデリック・ハーズバーグが指摘しているように、収入や職場環境は衛生要因（足りないと不幸や不満に感じる要因）にはなっても、動機づけ要因（充足すると幸福や満足に感じる要因）にはならないものです。収入や職場環境は、たとえ充足されて一時的に満足度が高まっても、常態化すると当たり前になり、逆にその状況を維持できないことが不満になってしまうというものなのです。

そうではなくて、自分をさらに向上させたい、もっと頑張ろうと前進させる何かが返ってくる。それは、試行錯誤しながら、苦しみながらも、頑張り続けてやり切った瞬間かもしれない。小さな成果かもしれないけれど、目標を達成した瞬間かもしれない。顧客が、周囲が、「ありがとう」「すごいね」「良かったね」といってくれた瞬間かもしれない。小さな出来事であったとしても、そうした瞬間があれば、自分の苦労や努力は報われる。

働く喜びとは、そんな瞬間に出会うことではないでしょうか。

ところが、同じ作業を繰り返し、その作業がどう報われるのかがわからず、達成感もなく、誰からも認めてもらえない、感謝の言葉が返ってこない。このままでは、ますます働く意味がわからなくなる。働くことが、自分を生きることと結びつかなくなる。本当にこのままでいいのでしょうか。

困っていても相談できない

見失っているもの。二つ目は、仲間の大切さです。

仕事をやってきて良かった、頑張って良かった。そう思える瞬間は、そうはいっても頻繁に起こるものではありません。

それでも、頑張れるのはなぜか。それは同じように苦労し、同じように落ち込みながらも、その気持ちを分かち合える、理解してくれる仲間がいるからではないでしょうか。

お互いのことを気にかけ、何かあればすぐに気づいてくれて、お互いを守り合える関係、お互いが刺激し合い、時には厳しいことも言い合える関係。こうしたあたたかくも、お互いを育て合う関係がかつて確かにあったのだと思います。

研修の中で、自分が経験した良い職場を思い出してもらうというセッションをやると、必ずあがってくるシーンがあります。

それは、仕事はバラバラ、担当はバラバラでも、会社に戻ってくると、「あの仕事、どうだった?」「うまくいった?」と声をかけてくれる先輩や上司がいたという話です。忙しくて、飛び回っていても、職場に戻るとお互いのことを自然とシェアしている。そして、ちょっとでも良い形に進んでいると、「良かったね」「大丈夫だよ」といってくれる。逆に、うまくいかないと話すと、すぐに相談に乗ってもらえる。そんな職場が良い職場だったという意見が、たくさん出てきます。

一見バラバラのようで、つながっている仲間たち。そうした関係が、たとえ報われない状況が続いたとしても、折れずに、前向きに頑張る自分をつくってくれる。

こうした仲間の大切さを、多くの企業は奪ってしまいました。仲間ではなく、**同じ職場という空間にいながらも別々の仕事をしている人たち。**業務上必要なコミュニケーションはしているけれど、悩んでいる自分、弱い自分は見せられない、**本当に困ったときほど逆に相談できない人たち。**これではますます追い込まれてしまいます。

未来も、原点も見えない毎日

これでは、**夢、期待、未来、思い、志まで見失ってしまいます。**

自分が将来どんな仕事をして、どんなことを実現したいのか。自分の根幹にある何かを変えたい、何かを生み出したい、誰かの役に立ちたいという思い。

そんな目の前の仕事の先にあるもの、あるいは仕事の原点にあるものがわからなくなってしまうのです。

誰もがもともと持っているというものではないのかもしれませんが、同じ苦労を経験し、同じ目標を持つ中で、みんなの心の中に将来への期待、未来への思いが重なり合ってくる。同じものを見て、同じものを追いかける仲間がいれば、それを夢や思いに変えることができる。それが、困難を乗り越える力になっていきます。

そう考えられたのは、互いの問題意識や怒り、思い、夢を真剣に語り合う、議論し合う場があったからではないでしょうか。

最初はたった一人の強い思いかもしれない。それが、何度も聞かされる中で、自分の思いにもなっていく。あるいは思いを共有するだけでなく、さらに自分の思いがシンクロしてくる。こうした思いを重ね合い、さらに組織全体の思いに変わっていく。

こうしたプロセスが、組織を強くし、一人ひとりの強い行動を生み出していきました。一方、今は、この「重ね合わせ」をするというプロセスが忘れられてしまった。だから、会社が示すビジョンや戦略、目標が、自分の思いと結びつかない。

見失われてしまったもの。それは、人が力強く生きていくために大切なものではないでしょうか。

働く喜び、仲間の大切さ、志や思い。この三つは、力強い行動を生み出すために、不可欠なもののはずです。

誰がこんな状況をつくったのか

こうした状況をつくったのは、誰の責任か。犯人捜しをして、責め立てても解決するわけではありませんが、次の一歩に進むためにも客観視して考えてみます。

最初に思い浮かぶのは、やはり歴代の経営陣です。

利益を出すためには、無駄な事業も人も抱え込むことはできない。取引先となれ合いの関係は、コスト高になる。個々人が自分の成果と貢献を意識し、成果を出した人により多く報いる。

そうした考え方を前面に出し、会社を守るという名目で、過度な成果主義やリストラ、雇用の多様化という名のコストダウンを繰り返し、組織をギスギスしたものに分断してしまう行為を自己正当化した。言い過ぎかもしれませんが、どこかで後ろめたさを感じながらも、時代の流れに逆らえず、多くの企業が同じ道を選んでしまっているのではないでしょうか。

そうせざるを得なかった状況まで追い詰められた企業が数多く出たのは確かです。

しかし、その行為を当然のこと、勇気ある決断として肯定していたとするとそれは大きな間違いだったといわざるを得ません。**企業の基盤となる信頼という土台を自ら壊してしまった**からです。

だからこそ、誠意ある対応、真摯な姿勢で、社員と向き合わなければならなかったはずなのに……。ついには社員の実態を見ることなく、ますます社員と距離を置き、自ら社員との間に線を引いた経営者が多くなってしまったのです。

それ以上に問題だったのは、こうした痛みを伴う変革に期限をつけなかったことです。

業績が悪くなれば、リストラをする、成果が出なければ給与は下げる。そうやってコストコントロールすることが、企業経営だと勘違いしてしまった。そのための管理会計の仕組み、株主価値重視、短期業績重視で意思決定をし続けることを常態化させた。**成果だけを見て、その人の努力や取り組み、成長を見ない仕組みを継続しつづけ、やる気が失われることを放置した**のです。これが状況をさらに悪化させたといえます。

社員の心が離れていく、前向きになれない人たちを生み出していく。それが企業の競争力を奪っていく。それでも、目の前の業績を上げなければならない、多くのリスクをコントロールしなければならない。こういった負の連鎖を断ち切れないからといって、必ずしも経営者だけを責めることは、どこか違うように思います。

みんなが傍観者になっている

問題の根幹は、こうした状況の変化に、ちょっとやりすぎじゃないのか、ここで止めて、改めて自分たちの力を取り戻すことが必要じゃないのかと、声を大にしていう人たちが出てこなかったことではないでしょうか。

なぜ、働く喜びや仲間の大切さ、志や思いを持って頑張ってきた世代の人たちが、そうしたものが失われることへの危機感を語り、自分の周辺だけでも大事にしようと伝えることができなかったでしょうか。

なぜ、社員の状況を一番把握しているはずの人事部が、責任感の強い真面目な人ほど心や体を壊し追い込まれていることを、職場の中で孤立する人が大きなミスや不正を生んでいることを明らかにし、経営リスクだと訴えかけることができなかったのでしょうか。

なぜ、組合も、厳しい状況の中でも働く人たちの心と体を守るための提案を行い、社員同士のつながりをつくるための活動をもっとできなかったのでしょうか。

本当はいろいろな人たちが気づき、憂いている。そういう人たちが、身近な人たち同士で不満を言い合っていたのに、**どうせ変わらないと思うと、不満を口にすることもやめてしまう。そうやって、物言わぬ社員ばかりになっていく。**これが状況を悪化させた原因なのではないでしょうか。

結局、社会全体が病気にかかってしまったのかもしれません。人がイキイキと働くために大切にしなければならないもの。働くこと自体の尊さや喜び、支えてくれる仲間たち、誰かのために役に立ちたいという思いや志……。そういったものが失われることに気づきつつもみんなが黙って見過ごしてしまいました。いつしかみんなが傍観者という病気にかかり、元気をなくしていったのです。

経営者の責任は確かに大きい。しかし、経営者だけの責任ではない。多くの人たち、そしてひいては自分自身にも責任があるんだと思うことが、これから前に踏み出すために、大事な認識なのではないかと私は思います。

第3章

組織を変えるカギはどこにあるか？

なぜ多くの変革はうまくいかないのか

こうした状況の中で、今のままでは良くない、変えたい。そう思って行動してみたけれど、うまくいかなかったという経験をお持ちの方もいると思います。なぜ、多くの変革はうまくいかないのでしょうか。

うまく変革が進まない典型例はいくつかありますが、一番多いのは、人事部や経営企画部の担当者や現場の責任者が変革したいと思っても、**上が理解してくれない、上が認めてくれないといって止まってしまうケース**です。

明らかにこのままでは、職場の中で孤立する人、閉じこもる人を増やすだけだ。今、ここでマネジメントのあり方、人材育成のあり方、コミュニケーションのあり方を見直さなければ状況はますます悪化するのではないか。

そう思って解決策や取り組みを提案してみたものの、そんなことをやっている時間がどこにあるのか、目の前の業績にどう影響するのか、短期間に結果を求められても、その成果を測る方法を提示するのは難しくて、ストップしてしまった。そんな話はよく聞きます。

なぜ、上手に説得することができないのか。

一つ目の理由は、問題を提示する側にあります。端的にいえば、説得力不足です。要は相手を動かすような提示の仕方ができていないということです。

といわれても、実際に上を説得するのは難しいですよね。

現場で起きていることを、現場目線で大変だ、どうにかしたいと語ったとしても、目線が低いと思われてしまう。彼らからすれば自分たちはもっと経営という高い目線で見ている。経営という大きな視点で意思決定するためには、現場の小さな目線に振り回されてはならない。そんな風にとらえているかもしれません。

大切なのは、**現場で起きていることの根幹にあるものが何かを明らかにし、そこで生まれている意識や行動原理が、組織全体の動きや今後の企業の成長にとって大きなブレーキになっている、足かせになっていることを示すこと**です。

このように問題を提示する側には、多くの現場の声をしっかり聴き、彼らの気持ちを理解しつつも、それを個人の問題、一部の問題ではなく、構造的な問題としてとらえ直し、客観的に伝える力が求められます。

「互いの領域はおかさない」ことの大弊害

もう一つの理由は、逆に提案を受ける側にあります。

提案を受ける側が、問題だと気づいても、しっかりと議論し、コンセンサスを得るところにまで持って行けないという状況があります。

多くの企業の役員や部門長クラスは、自分の業務領域、担当部門のリーダーとして上がってきた人たちです。ですから、自分の領域については、自分が一番わかっているし、部門の代表者であり、部門の権利を守るのが自分の役割だと思っている人がいます。

だから、変革となると、自分の部署を守りたい、自分の部署は関係ないというスタンスをとってしまう。こうした**部門長、役員クラスが集まった場で議論しても、問題の本質から目を背ける人が出てくる**ケースが往々にしてあるのです。

社員のアンケートやインタビューの結果、明らかに全社としての問題が見えていても、これは一部の人たちの意見だ、自分の部署や自分の部下には当てはまらない。社員はわかっていないんだ、彼らの身勝手な意見に振り回されていけない。

そんな発言をして、問題の本質に触れる議論から避けるという光景が見られることもあります。

なぜ、そうなってしまうのか。

それは、自分たちがやってきたこと、ひいては自分自身を否定されることになるということへの抵抗感です。

その抵抗感がどこから生まれるのか。

それは、役員同士、部門長同士が、暗黙の了解として互いのことに踏み込まないという意識があるからです。自分の部署は自分が預かり、自分が部下たちを守るんだ、互いにそこには踏み込ませないという意識があるのです。

だから、お互いの立場や課題を話し合うことも、各役員や部長がどういう経験をして、どういう思いを持つ人なのかも知らないということも往々にしてあります。**社長や会長の顔色ばかりを見ていて、お互いのことを見ていない、横のつながりが持てていない。**

そうした関係性が、経営目線、部門横断の目線を妨げ、会社全体のあり方、組織運営やマネジメントのあり方の根幹にある問題を避けてしまう、ということを生じさせます。

せめて、現場を預かる者同士はお互いが見えるように努力することが必要です。

経営者のメッセージが響かない理由

第二の典型例は、社員の行動が引き出せないというケースです。

経営者や部門長が強いメッセージを出しても、社員の意識が変わらない、繰り返しいっても社員の行動が変わらないと経営層や部門長が嘆くケースも多くあります。

なぜ、そうなってしまうのでしょうか。

一つ目の原因は、メッセージの内容そのものにあります。経営層や部門長は、強い危機感を持っています。だから、真剣に今の状況がどれだけ厳しいかを語ります。一方、現場からすると、経営レベルの話をされても、目に見える危機として感じられず、現場の課題と結びつけることができなければ、それがどれだけ自分にとって大変なことなのかが実感できません。あるいは前向きなビジョンを語られたとしても、そこに自分たちの未来を重ね合わせることもできない。**今の仕事の仕方、今の状況とかけ離れた夢物語を示されても、それが現実になるとは思えない**のです。

二つ目の原因は、メッセージを出す側の姿勢にあります。**変わるのは、君たちだ。意識と行動を変えなさいといわれると、正直、抵抗感を持つ人たちもかなりいる**と思います。

そもそも、今の状況に陥った原因を経営層や部門長はどう考えているのか。そもそも、上がまず変わるべきなのではないか。今までのやり方では、変化に適応できない、もっと柔軟にみんなの意見も取り入れながら、新たなチャレンジをすべきなのではないか。

そうした姿勢をまず経営層がとらずして、自分たちに変われというのは本末転倒ではないか。そんな怒りを持つ人も出てきます。

実際に、ある大手メーカーの社長がマスコミの取材の中で、「業績が悪いのは、社員が働かないからだ」という発言をして、経営者の責任転嫁だと大きな問題になったケースもあります。社員は、直接声をあげなくても、経営層や部門長を冷静に見ています。

社員と経営層や部門長の間には、立場の違いから見える景色が異なっています。この違いを乗り越える、強い思いや心を開かせる姿勢が大切で、それを意識しないまま、一方的なメッセージを繰り返しているだけでは、何の解決にもなりません。

仕組みだけで行動は変わらない

第三の典型例は、具体的な仕組みやルールを導入して、一時的には変化があっても、行動が持続しない、変革には至らないというケースです。

たとえば、経営層が社員に向けてメッセージを発し、業務改革に着手します。プロジェクトが立ち上がり、無駄な業務を洗い出し、業務フローの組み替えを行う。個々人がより高い意識を持ち、成果に向けて行動を起こせるように、人事制度、報酬制度も改訂します。ところが、それでもなかなかうまくいかない。あるいは一過性に終わり、変革が持続しないという話がよく出てきます。

これもなぜ、そうなってしまうのでしょうか。

仕組みや構造を変えると、仕事の進め方やコミュニケーションの仕方も変えないといけない。ところが、目の前の業務は相変わらず変わらない、あるいは変えなければならないのに変えられない。

別の壁にぶつかることもあります。業務改革の推進は仕事のあり方を根幹から変え、社員に新たな知識と取り組みを求めます。しかし、**一方的に今までのやり方を否定すると、自分たちがダメだといわれているように受け止める人も出てきます。**

こうした人たちが、心を閉ざし、実際の業務のやり方をなかなか変えようとしなくなる。本人たちは、意識していないのに、いつの間にか抵抗勢力のようになってしまうのです。

人事制度も同じです。成果主義を導入し、頑張った人により多く報いる仕組みを入れたとしても、一部の人たちだけがやる気を出し、評価される仕組みでは、結局、自分はダメだと自信をなくし、ますます前向きさを失う人をつくってしまう。

さらには、**一時的には制度に合った行動をとっても、大して報われないんだということを学習すると、賢く振る舞う、うまくやる方法を考える人ばかりが増えていく。**こうして、多くの仕組みは形骸化し、結局はよりマイナス方向に走ってしまいかねないのです。

現場からうねりを起こすために

組織が変わるというのは、簡単なことではありません。

本来は、経営者をはじめ、組織をリードする人たちが、何を変えたいか、どう変えたいかをしっかり議論し、彼らが一枚岩になり、変革へのメッセージを出し、動きをつくり出していくことが必要です。

しかし、経営層やリーダー層が理解し、動いてくれなければ、変革は起こせないのでしょうか。

経営層やリーダー層が変革に否定的になれば、確かに動きが取れなくなるケースのほうが多いと思います。一方、逆に彼らが先頭に立たないと進められないと考えてしまうと、そこで止まってしまいます。

経営層やリーダー層がリードしなくとも、現場の中で自発的な変化を起こせる、そうした状況づくりを行うことができれば、実際の動きが変わる。そして、徐々に大きなうねりにしていく。こうしたアプローチもできます。むしろ、**危機感や思いを持った人たちが、素直にどうにかしたいという思いを重ね合い、動き出していくほうが、良い動きが生まれてきます。そこが変革の起点になるという考え方を持つことのほうが、実際の変革を起こせるのです。**

最初は気づいた人たちの小さな行動から始まり、同じ思いを持った人たちの活動や取組みの連鎖が生まれ、次第に、組織全体の空気感をつくり出します。すると、そうした意識を共有し、行動を変える人が増えていく。

最後はみんなで変わる、みんなと一緒に一人ひとりが変わっていく。こうした状況をつくり出していくことが必要なのです。

神戸大学の金井壽宏教授は、『組織変革のビジョン』（光文社新書）という本の中で、こう述べています。

「組織が変わる」というのは主語の間違いで、主語は組織の中の大半の人々であり、とりわけあなた自身だ。だから、組織変革の問いは「組織が変わるか」でなく、「あなた自身が変わるか」という問いになる。

どのような変革も最後は、そこに参加する人たちが変われるかという問題になっていきます。組織で働く人たちが、変革を自分自身の問題ととらえられるのか、経緯はどうであれ、最後は自分が変わらなければ、自分も変わりたい、と思えるかどうか。これが変革を成功させられるかどうかを決めていくことになるのです。

変革のプロセスをどう描くか

だとすると、大切なのは多くの人たちが変革という大変な活動に、自然と加わっていく、その動きに前向きに取り組んでいけるようになるプロセスをいかにつくるかです。

ハーバード・ビジネススクール教授のジョン・P・コッターは、企業変革には八つのプロセスが必要であると提示しています。

①危機意識を高める
②変革推進チームをつくる

③適切なビジョンと戦略をつくる
④変革のビジョンを周知徹底させる
⑤従業員の自発的な行動を促す
⑥短期的な成果を生む
⑦成果を活かして、さらに変革を進める
⑧変革を根づかせる、文化に変える

最初になぜ、変革しなければならないのか、その目的を理解するために危機意識を共有する。そこで変革をリードする人たちを集め、適切なビジョンをつくって、それをみんなに落とし込む。

そのビジョンに基づく社員の自発的な行動を促し、短期間で成果を上げることで、変革が間違っていない、変革が実現できるという自信を持てるようにする。

そしてその変革を持続的な活動にできるように、仕組み、仕掛けをつくり、変革の推進を自ら管理できるようにする。コッターの考える変革のプロセスは、このような流れになります。

確かに、多くの企業で行ってきた変革は、こうしたプロセスを踏んで展開されてきたのではないかと思います。経営起点の変革という意味では、こうしたプロセスでやるべきことを社員に伝え、全体に広げていくという考え方になるのは当然だと思います。

危機感だけで人は動かない

しかし、このプロセスをそのまま適用すると、問題が起きてしまうケースが多々あります。

たとえば、本当に疲弊している組織、閉じこもる人たちばかりの組織で、危機意識を高めようとしても、それが変革への意識を高めることにはつながらず、むしろ不安感やあきらめ感を蔓延させることになり、人を追い込んでしまうことがよく起きてしまいます。

業績が上がらなければ会社が厳しいという状況に置かれることを、客観的に伝えることは必要です。問題はそれを回避するために何をするか、そうならないためにどうするかを準備しないまま、**危機感だけを伝えてしまうと、単に不安を煽るだけになってしまいます。**

みんなが状況を客観的に受け止め、どうしたらいいのかを考え、議論できる土壌をまずつくらなければ、危機感が人を動かすことにはつながっていかないのです。

さらに、具体的な施策を進めるときにも留意すべき点があります。

それは、**あくまで現場が主体であり、現場が動き出す状況をつくり出すことが大事**だということです。

最初に示すべきビジョンも、あくまで現場にとってのビジョンにならなければ、強い意志ある持続的な行動は生まれません。

ビジョンとは、もともとは「見えないものを見る」という意味です。将来を見るという行為は、今は見えないものを見る、すなわちどうなるかわからない世界を自分たちが見ようとする行為です。

だからこそ、ビジョンは人の心をワクワクさせるものでなければなりません。**自分が何年後に、どんな仲間と、どんな仕事をしているのか。そして自分たちが生み出していくものが、誰をどう幸せにするのか。日常の中でどんな対話をし、お客さんからはどんな言葉が返ってくるのか。**こうしたやり取りを通じて、イキイキと働く自分をイメージできることが大切です。

ところが、多くのビジョンは単に数字目標の羅列になっていたり、今とは結びつかない夢物語やキャッチフレーズになっている。そこに、未来の社員のイキイキとした姿が十分描かれていない。それでは、社員の心を動かしていくことはできません。

認識を共有しなければならないのは、**ビジョンは浸透させるものではなく、共感するも**

のだということです。いくら優秀な変革推進チームが、素晴らしいビジョンを描いても、そこに共感が生まれ、自分を投影し、ワクワクする人たちが生まれてこなければ、変革にはつながらないのです。そのためには、ビジョンを一方的に浸透させるのではなく、ともにつくる、ともに発展させることが必要になるのです。

短期的な成果を出すことも、注意が必要です。確かに、成果が見えない変革は、途中で不安が広がり、変革の動きを減速させます。小さな手ごたえが小さな自信をつくる。これが変革への意識を高めていくことになります。

一方、短期的な成果を出すことばかりを求めすぎると、結局は目の前のできることで成果を出さなければという意識を過度に強めてしまったり、抜本的な改革には手をつけず、目先の成果だけを追い求めてしまうことも起きてしまいます。

特に大きな変革を起こしたいのであれば、我慢の時期も必要になります。変革に向けて出したい成果が何かを定義し、変革のフェーズを明確にして、どこまでに何を実現したいかを共有することが大事です。

大きな変革に向けて、自分たちが前に進んでいるのかを確認しながら、次への課題を明らかにし、階段を一歩一歩上がっていくことが必要なのです。

新たな変革の方法論が必要なとき

確かに、多くの社員が甘えていて、経営者が何をいってもこの会社は大丈夫、リストラだって起きないし、起きたとしても自分には関係ないと思っている人ばかりの会社もあります。そういう会社であれば、大きな環境変化に気づき、未来への危機意識を募らせているリーダーが、自らのビジョンを示し、現場に働きかけ、各人に変革を促していくのが、変革の常道だと思います。

しかし、**今起きているのは、さらに一歩、深刻さを増している状況です。**

第1章でも述べたように、何かをしたら自分がさらに追い込まれる、損をする。だから、ソコソコ頑張って、おとなしくしていよう。決して投げやりではないけれども、どこか自分の気持ちを抑え込んで、仕事への思いを持てずに、将来も見えず不安を抱えている人たちが多くいるという現実。

日々の業務と変革の掛け声に疲れを感じ、仕事や会社へも思いが持てず、閉塞感と不安のサイクルから抜け出せず、どこかあきらめかけている人たち。

こう考えると、**従来の組織変革アプローチとは異なる、新たな変革のアプローチが必要**

になっていることは、容易に想像できます。

これまでの組織変革は、正しいやり方を示し、そこに向けた意識と行動を引き出すような仕掛けを考えていく「枠組み起点」のアプローチです。

しかし**今、求められているのは、変えたい、良くしたいという強い思いを軸に、みんなで一緒に踏み出し、みんなで一緒に変わっていく「思い起点」「関係起点」の変革です。**

つまり、上から与える、外側から働きかけ行動を変えさせる組織変革ではなく、自らの内側にあるものを呼び起こし、共有し、自発的な行動が連鎖していく組織変革が求められているのです。そのためには、互いの感情を共有し、思いを重ね合わせていく関係づくりが何よりも重要になります。

周囲の気持ちを感じ取る力

従来の組織変革を「枠組み起点の組織変革」とすれば、今求められているのは「関係起点の組織変革」です。

ここで重要なのは、経営側と社員、社員間における信頼関係です。まずはこうした関係がしっかりとできなければ、変革行動を起こせない。同時に、こうした関係性がさらに強いものになることによって、組織全体に連鎖反応を起こしていくことができます。

ではどうしたら、こうした関係起点の組織変革を起こすことができるのでしょうか。

そのためには、これから示す三つの力を再生することが必要となります。

第一の力は、感じる力、共感する力です。

私たちが一番今、取り戻さなければならないのは、「感情」です。多くの人たちが自分の殻に閉じこもって働くうちに、互いの感情が見えなくなり、互いの感情の小さな変化に気づくことができなくなっていきました。本当はどういう気持ちで働いているのかが見えない、感じ取れない。

同時に、周囲に振り回されないために、自分の感情を閉じ込める、感情を抑え込むことも、できるようになっていきました。ちょっとしたことでイライラしたり、落ち込んだりしないように、うまく受け流せばよい、感情的にならないように、自分の中で処理する。そうやって、周囲と自分を切り離し、自分の感情を守る術を身につけた人もいます。

確かに、感情的になってはダメです。相手の負の感情をそのまま受け止めても、自分が追い込まれるだけです。だからといって、**自分の感情を心の奥底に仕舞い込み、何があっても感じない、感情を出さないように振る舞い続けてしまったら、自分を前向きに動かす力も、周囲の気持ちを感じ取る力も失っていきます。**

本当は自分の中にあるはずのイキイキとした感情、あたたかい感情を適切に出せるように、まずはお互いの感情を共有してみる。そこに、共感が生まれる。そうやって、少しずつ感じる力、共感する力を呼び戻すことが大切です。

自分たちの感情と向き合い、引き出す

次に、必要となる第二の力が、向き合う力です。

自分の、周囲の感情が見えてきたら、今度はそんな風に感じてしまう自分、自分たちと向き合ってみる。

どうして、「仕方ない」「どうせ無理だ」「何も変わらない」などと思ってしまうのか。きっかけは何だったのだろうか。そう思ってしまう理由はどこにあるのか。なぜ、そこから抜け出せないのか。**自分の中で何が起きてしまったのだろうか。**

自分の感情と向き合いながら、自分の根幹にあるものに気づく。そして、その根幹にあるものを疑ってみる。どうせ無理だといってしまう自分のままで、本当に良いのだろうか。どうせ無理だといって、今の状況や周囲から逃げようとしているだけではないのか。

そういった自分との向き合いをみんなで行ってみる。すると、自分が気づいていないと

ころで、自分自身の中に固定観念をつくり出してきたのかもしれないということが見えてくる。そこで、本当にそのままでよいのか、変えられないのかという対話をしていく。

そうやって、自分の、自分たちの今を、あり方を問い直してみることが必要なのではないでしょうか。

その上で、各人の根底に押し込めていたものを引き出してみる。それが、第三の力である思いに変える力です。

ここまでくれば、お互いのことが理解でき、根幹の部分では共通している部分があることがわかります。同時に、互いの良さや違いも認め合えるようになってきます。

そうすれば、本当に自分たちが何をすべきか、何をしたいのかを議論し、自分たちの思いに変えていくことができるようになります。

目標を決め、プランをつくり、自分たちでその成果を定義して動き出すことも、同時に、そうした変革を起こすための仕掛けや仕組みを構築し、みんなが再び、足並みをそろえて、前に進んでいくことも、できるようになります。

思いを重ね、形に変え、組織としての行動に変えていく。こうした動きが、人と組織を変える原動力になっていくのです。

組織が変わる三つのステップ

では、こうした三つの力を高めていきながら、どうやって組織を変革していくのか。人の変革と組織の変革をリンクさせていくのか。

そのカギになるのは、革新すべき対象を明確にして、ステップを踏んで取り組んでいくことです。具体的には、三つの革新を順に進めていくことが必要です。

第一の革新は、関係革新です。

関わり合えない、対話ができない関係を、まずは互いに関心を持ち、共感し、信頼できる関係に変えていきます。

自分がこの人たちとならまた、一緒に頑張れる、少なくともこの人たちは悪い人たちではない、一緒に何かができる人たちだという思いを持てるようになることが目的です。

変えたいのは、「関係」そのものです。その関係を革新するカギは、やはり「感情」です。

互いの間に流れる、不安感、不信感をまずは払拭したい。一見自分を追い込んでいるように見える人にも、背景には自分と同じようなつらい気持ち、不安な気持ちがある。だからこそ、自分だけでなく、みんなで変えていかなければ負の感情の連鎖からは抜け出せない。そんな気づきを共有しながら、互いの関係を見直し、みんなが今よりも少なくとも楽になる、前向きになれる関係をつくり直そう。そんな革新をまずは起こしていく必要があります。

第二の革新は、仕事革新です。

いくら互いのことがわかり、信頼を取り戻し、対話できる関係になれても、目の前の仕事の仕方が変わらなければ、苦しい状況からはなかなか抜け出せません。

一人ひとりが自分の仕事を抱え込み、相談できず、自力でどうにかするしかないという働き方から、どう抜け出すのか、みんなで知恵を出していくことが必要です。

忙しい中でも、時間がない中でも、お互いの仕事の状況をシェアし、適切なタイミングで手を差し伸べ合うことができないのか。難しい案件は、みんなの経験と知恵を持ち寄り、乗り越えていくことができるようにならないか。

仕事の仕方、働き方を変える具体的な方法論を考えながら、改めて仕事への思いを取り戻す。何のために働くのか、仕事を通じて何を得たいのか。そんな思いを引き出し合うことが、仕事革新です。

組織革新の3つのステップ

ステップ3　未来革新

- 組織感度を高める
- 自分たちの価値を問い直す
- 究極の世界を描く
- 未来をつくる仕組みへ革新する

ステップ2　仕事革新

- 働く喜びの源泉を考える
- つながり力を引き出す働き方に変える
- 世代や雇用形態のギャップを活かす
- 仕事への思いや誇りを取り戻す

ステップ1　関係革新

- 感情を伝え合う、組織感情を共有する
- 相互理解のための対話を行う
- 真剣に向き合う、距離を縮める
- 支え合う仲間をつくる

そして**最後の革新が、未来革新**です。

本来、未来は革新すべきものではなく、創造するものです。でも今、多くの人たちは希望の見えない未来、不安が増大する未来、自分では何もできないままただ手をこまぬいているばかりの未来を、未来としてイメージしていないでしょうか。

希望が見えない、将来が見えないという不安を乗り越えて、少しでも前向きな未来のイメージをつくり出し、重ね合わせ、ともに喜び合える未来を持てるようにしていく。みんなでそのための一歩を踏み出していくのが未来革新です。

そうした**未来を生み出す仕組みや仕掛けを考えていく**。そんな取り組みが、自分たちのあり方の根幹を変えていくことになります。

笑顔ひとつでも、自分自身のあり方にかかわる、具体的な成果として良い連鎖を生み始めるのです。

人と組織が共進化するプロセスをつくっていく。それがこの三つの革新を順に起こしていくことです。

ストーリーで読む組織変革

第2幕

物語の第2幕です。「こんなことでいいのか？」という疑問を持ちつつも、現実に身を任せていたエコロジーシステム社の面々が、ふとした出来事から立ち上がっていきます。彼らに何が起こったのか、何がそうさせたのか、皆さんも物語の世界に身を投じてみてください。あなたなら、どうしていきますか。

マグマが溶融した瞬間

様子見の状態が続くワークショップの中で、最初に意識が変わったのは、実は中島だった。中島が担当している商品企画部には、ありとあらゆる案件が持ち込まれる。前向きで希望の膨らむ話から、クレーム対応のような後処理的なものまでさまざまだ。さらに、一見すると、すぐに事業化が難しそうな異業種からの提携話にも関わらなくてはならない。

初回を、確信犯的に遅刻した中島は、三〇回のセッションを適当にサボろうと思っていた。しかし、思いの外に、他の部長たちの出席率は高い。誰もが納得する理由なしには、誰も休まなかったし、遅刻も皆無だった。

適当にサボろうと思っていたのに当てが外れた中島は、多忙だからこそ、このプログラムを何とかしようと思い始めた。

「どうせ時間を費やすなら、何か自分のためになることはないだろうか」

引き気味だった姿勢が徐々に前向きになって、人の話を注意深く聞くようになっていった。そんなタイミングで、印象深いセッションが行われた。一〇回目のセッションの後半で使われるテキストのテーマが「サイロとスラブ」だった。

サイロは、牧場で見かける背の高い牧草の貯蔵庫のこと。窓もなく閉鎖的で、外界から遮断されていることから他と関わりを持たない状態の比喩として使われる。日本語では、「たこつぼ」のほうが一般的だが、部門間のコミュニケーションの断絶を表す言葉だ。

一方のスラブは、厚い鋼板で、ビルのフロアを仕切る板（上の階から見れば床、下から見ると天井）をいう。その形態そのもの、（組織の）上下間を断絶することの比喩である。

どこの組織にも、コミュニケーションを断絶する見えない壁がある。部門と部門の間にあるのがサイロ、上司と部下の間にあるのがスラブ、ということだ。うちの会社ではどうだろうか、とファシリテーターが投げかけた。

まさに、そこに彼らが抱える課題があった。

中島にとって、本当の課題はサイロだった。いくら企画しても、システム開発部が跳ね返してくる。

「そんなことではシステムはつくれない。要件定義書をしっかり書いてくれないと受けられない」

そう判で押したように突き返される。転職者が多い中島の部下たちに聞いても、要求部門の人間がシステムの要件定義書を完璧に書いた経験など、誰ひとりとして持っていなかった。システム開発に関するリスクを前工程である中島たちに押しつけていることは誰の目にも明らかだった。事業の立ち上げ期にはそんなことはなかったのに、明らかに組織全体が守りに入っているせいだった。守るべきものを持ったものは、途端に動きが悪くなる。

しかし、そのことをシステム開発部の部長である福山（三八歳）がいる前で言うことはできなかった。いきなり戦闘状態に入るか、いつものように上を通してください、と冷たくあしらわれるかに決まっている。中島は、次のように語り始めた。

「われわれの部署では、顧客のためにいろんな企画を考えている。だけど、それを上に具申すると、『時期尚早だ』『リスクが大きい』『そのニーズは一部の自治体だけだ』など、いろんな理由をつけて話を聞いてもらえないんだ」

「企画部門が企画倒れになることを恐れて、何も始めようとしない。これが閉塞感の元凶だと思う」

話しているうちに、熱くなったことに少し後悔した。他から突っ込まれたらどうしようと思った瞬間、

「一緒だよ、一緒」

カスタマーサービスセンターの部長が間髪入れずに言った。

「中島もそうなんだ。うちも一緒だよ。うちに来る問い合わせやトラブルなどの情報を、

うまくシステム改善に活かせばいいのに、上が動かないんだ」

彼が言い終わるや否や、法務担当の部長が口を開いた。

「契約についても変化を嫌うんだ。こうしたほうがいいと進言しても、波及するところが大きくなるとすぐに尻込みしてしまう」

購買の担当も続いた。

突然の変化だった。

当たり障りのないいつもの距離感ではなく、同じ悩みを抱えている一体感が生まれた。いや、悩みを抱えているというよりも、みんなも顧客のために良くしていこうと、日々いろんなことを考えて、それぞれ奮闘していることを知ったことが大きな発見だった。

頭が固いと思っていた同僚は、自分と同じように熱い思いを持つ仲間だった。

共通する問題は、どうやら自分たちの上の階層が保守化したところにあることがわかってきた。同時にその元凶となっているシステム開発部に行き着くことが見えてきた。

成功の立役者が保守化の元凶に

エコロジーシステム社の事業を成功に導いたのは、ユーザーである自治体の要求に即した省エネ・環境管理システムのパッケージを実現したからである。しかし、当初はシステム面での実現が困難で、絵に描いた餅と化す寸前まで追い込まれた。その窮地を脱して、パッケージ化を実現したのは、ヘッドハンティングで採用された富岡（五〇歳）だった。

富岡はキャリアのほとんどを、エンタープライズシステムといわれる企業向け分野で過ごしてきた。本国アメリカで開発された世界有数の企業情報統合システムを日本企業の複雑な仕組みに対応させつつ、パッケージ化を実現した。多くの日本企業のグローバル化にも寄与したことは間違いなく、その分野で富岡の名前は知らない人がいないほどであった。

その富岡に声をかけて、エコロジーシステム社に呼び込んだのが社長の三宅だった。採用された富岡は、一〇名ほどの子飼いのスタッフを連れてきて、凄まじい勢いでシステム化を進めていった。馬力はあるが、パワハラまがいのマネジメントは、必ずしも皆に受け入れられなかった。

富岡加入後、半数近くのシステムエンジニアが退職し、傍らで新たな若手がどんどん採用されていった。ワークショップに参加している福山も、その一人だ。

そして今、公共、環境の分野でエコロジーシステム社の名前とともに富岡の名前は広く知られるところとなった。自分の影響力を誇示したい富岡にとって、こうした成功体験の積み重ねは、他者からの評価を気にする傾向をさらに助長することになった。社外からの取材やメディアへの露出に熱中するようになり、その反動として悪評のもととなるような材料が外に出て行くことに過敏なほど、神経質になった。

社内でもリスクを冒さない、余計なことはするなとばかり、周囲に厳しく当たることが多くなっていった。

もはや、富岡にとって最大の恐怖は、自らが指揮したシステムが障害を起こすことであり、自然と、挑戦的なシステム開発には首を縦に振らないようになっていた。

気づくと、富岡には誰も何もいえなくなっていた。富岡自身も自らを誇示するために、自ら孤立する状況をつくり出してしまったのかもしれない。

この会社に未来はあるのか

富岡の部下、福山は「サイロとスラブ」のセッションが終わった後、席に戻って、パソコンを立ち上げた。

「今日はなぜか、盛り上がっていたなあ。ああいうのを社長の三宅さんは求めているんだろうか。今日は、みんな結構楽しそうに、いつになく自分から話をしていた。我先にという感じは初めてだったな」

「だけど、あんなことをいくら話し合っても、何も解決できるわけじゃない。所詮は部長のガス抜きにしかならないさ。うちの会社の問題はもっと根深いのに」

「社長の三宅さんも、それくらいのことがわからないのだろうか」

「だとすると、この会社に未来はないな」

ぐるぐると否定的な言葉が頭を巡る。そして、ふと思い出したように、つぶやいていた。

「七年前、ここに転職したときはこうじゃなかったよな……」

当時は、夢にあふれていた。オレたちで新しい未来をつくるんだ、地球を守る戦いの最前線にいるという手応えと熱さがあった。

当時のエコロジーシステム社は、自分たちの手で世界を変えるというエネルギーにあふれていた。三宅社長が見守る中、富岡リーダーのもとで一丸になっていた。

ここには、自由と挑戦があった。


あれから七年。一体、何が起こったのか。

どこで間違ってしまったのだろうか。

社長が変わったのか、富岡が変わったのか。それとも……。


そもそも、僕は何をしようとしているのだろうか？

そもそも、僕は何を求めているのだろうか？

無我夢中の毎日は楽しかった。今となれば、あんな働き方は許されないのかもしれない。しかし、自分が求めていたものが、確かにそこにあった。

外に、新しい職場を求めることは簡単だろう。自分の実力なら、転職にそれほど苦労はしないはずだ。環境ビジネスを卒業して、違う分野に転身するのもいいかもしれない。綺麗事にとらわれることはないのかもしれない。

しかし、それでは本質的な解決にはならないのは、なんとなくわかる。

……いつも、こうだ。福山は我に返った。

このワークショップが終わると、なぜか居心地が悪くなる。自分が何か忘れ物をしてきたようなバツの悪さが心の片隅に残る。その正体が何か、福山にはまだ見えていなかった。

「もう少し僕たちを〝人間扱い〟してください」

それからまた一〇週近くが経ったある日のセッションで、マネハプ（セッション冒頭に行われる一週間の出来事の共有の時間）の際に福山が口火を切った。

「今週、とうとう僕は、富岡さんに言ったんだ」

朝一番で散漫だった皆の視線が、福山に集中した。

「例によって、システムの修正の件で指示が下りてきたけど、そのときに言ったんだ」

固唾を呑んで、皆が聞き入る。

「『わかりました。ご指示の納期までに仕上げます。でも、もう少し僕たちを〝人間扱い〟してください』ってね」

皆は知っていた。他の部に厳しい以上に、富岡は部下に厳しくあたっていた。名前を知ってか知らずか、そもそも覚える気があるのかわからないが、誰に対しても「おい、おまえ」としか話しかけない。部下をシステムをつくる機械のように扱い、退職者は依然多い。

一瞬の沈黙があった。福山の次の言葉を待っていたが、話はそこで短く終わった。

一人がしびれを切らして聞いた。

「で、どうなった?」

「えっ、何もないよ」

「何もないって?」

「本当に何もなかったんだ。僕は覚悟していた。『生意気なことをいうな。おまえはクビだ』って言われるとね。でも、何も言われなかったし、そのままだった」

前のめりになっていた他のメンバーは一斉にガクリと肩を落とした。

決死の特攻隊は、不発弾で終わったのだ。

やや間があって、ファシリテーターが問いかける。

「本当に何もなかったんですか」

「ええ、何も」

「小さなことでいいから思い出してください。何か気づいたことはありませんか」

福山は、少し首を傾げて遠くを見つめるような素振りをしたが、しばらくして、

「思い出した！　ホントに小さなことだけど、あれから僕は『福山くん』って、呼ばれるようになった。以前は、『福山』とか『おまえ』だったのに」

言い終わらないうちに、ドッと場が沸いた。

「すごいじゃないか。大きいよ、それ」

誰もが口々に讃えた。そして、

「すごいな、よくそんなことを言う勇気があったな」

と言われて、福山は、少しうれしそうな表情を浮かべながら語った。

「今のまま、この仕事を続けていることが耐えられなくなったんだ。前からおかしいと思っていたけど、毎週毎週、みんなの話を聞いているうちに、何のためにこの会社に転職してきたんだろうかと突きつけられたんだ」

「正直、いざとなれば辞めようと思った。でも、辞める前にけじめをつけたかった」

「自由と挑戦、これに憧れて入ってきたのに、今はその欠片もない。いつかはこの状況を打破しようと思っていたけど、一人だとそこまで踏ん切れなかった。そのきっかけをこの場が与えてくれたんだ」

じっと聞いていた中島が、ポロリと漏らした。「同じだよ、僕も」

すると、口々に皆が話し始めた。

「やっぱり、そこにこの会社の問題はあるんだよ」

と、福山が大きな声で、皆を制するように言った。皆、うなずき、誰からともなく、

「もっと、皆で話し合おうぜ」

「そうだ、そこなんだ、本当の問題は」

「今日の夜、集まろう。集まれる者だけでもいいから、すぐに集まろう」

話はトントン拍子で進み、アフターファイブの会合が設定された。

時間にすると、ほんの数分のこと。皆の中にマグマのような熱いものが溜まっていて、それが一気に吹き出した瞬間だった。

223ページへ続く⬅

第4章

【ステップ1】関係革新～感情とつながりを再生する

感情とつながりを再生するために

では、ここからは具体的に、どういった革新を起こしていったらよいのか、その考え方と方法について述べていきます。

第一の革新は、関係革新です。

希薄になった関係をどう再生したらよいのか。「言うは易し、行うは難し」です。「みんなもっとコミュニケーション取ろうよ」と声をかけて飲み会でも開けば、すぐにみんなが本音で話し出すレベルであれば、単なるコミュニケーション不足かもしれません。

でも、飲み会でもやろうよといっても、「私、忙しいので」とか「予定があるので」といって、みんながなかなか参加してくれない。中には「それって業務ですか」「プライベートと仕事は一緒にしたくないので」とか、それこそ「仕事の一環なら、残業代は出ますか」とまでいわれて、「それならいい！」と苛立ってしまったという話も少なからずあります。

起きている現象は同じです。**最低限の業務上のやり取りはしているけど、お互いの状況や気持ちを知るための対話、コミュニケーションが少ない。**だから、なんとなくお互いによそよそしい。ちょっとした気遣いもできない。気楽に声をかけられない。

最初のステップは、こうした関係を変えることです。信頼関係を構築するまで一気にいけなくとも、まずは互いの気持ちを理解し、少なくとも悪意を持って自分を追い込んでいるわけではない、みんないろんな苦労をし、悩んでいる、自分と同じ存在だということがわかり、「ありのままの自分を出しても大丈夫だ」と思える関係を再生することです。

そのカギになるのが、「感情」と「つながり」です。

互いの感情が見え、感情の交流を促進する中で、安心・安全のつながり、信頼のつながりを再生していく。こうした取り組みを試みていくことが必要です。

では、具体的にどのような取り組みを試みていけばよいのか。大きく以下の五つの取り組みを考えてみましょう。

①お互いの感情を知る

②相手の立場に立ってみる

③寄り添ってみる、真剣に向き合ってみる

④支え合う仲間をつくる

⑤良い関係を維持、発展させる

組織に広がる空気感を可視化する

本当はどんな気持ちで働いているのか。まずはそれをお互いが知ること、共有することから始めます。

とはいうものの、これも単に、「みんな実はどう思っているの」「どんな気持ちなの」とぶつけても、本当の気持ちはなかなか出てきません。それこそ表面的な答えをして、真実の気持ちを押し隠す人も出てきてしまいます。

どうしたら互いの本当の気持ちを知ることができるのか。それには、客観的に自分の感情をとらえ、公開できる仕掛けが必要になります。

そのために、本書の冒頭でも紹介した「組織感情診断」にあてはめてみます。

組織の感情、すなわち**組織全体に広がった感情、メンバーが感じている空気感を可視化する仕組み**です。次ページの分布から、前述したように昨今の大きな傾向として、要注意職場の比率が高まっていることがおわかりいただけるでしょう。

組織感情は大きく四つの領域に分けられます。

要注意職場が増えている！　組織感情診断結果の分布

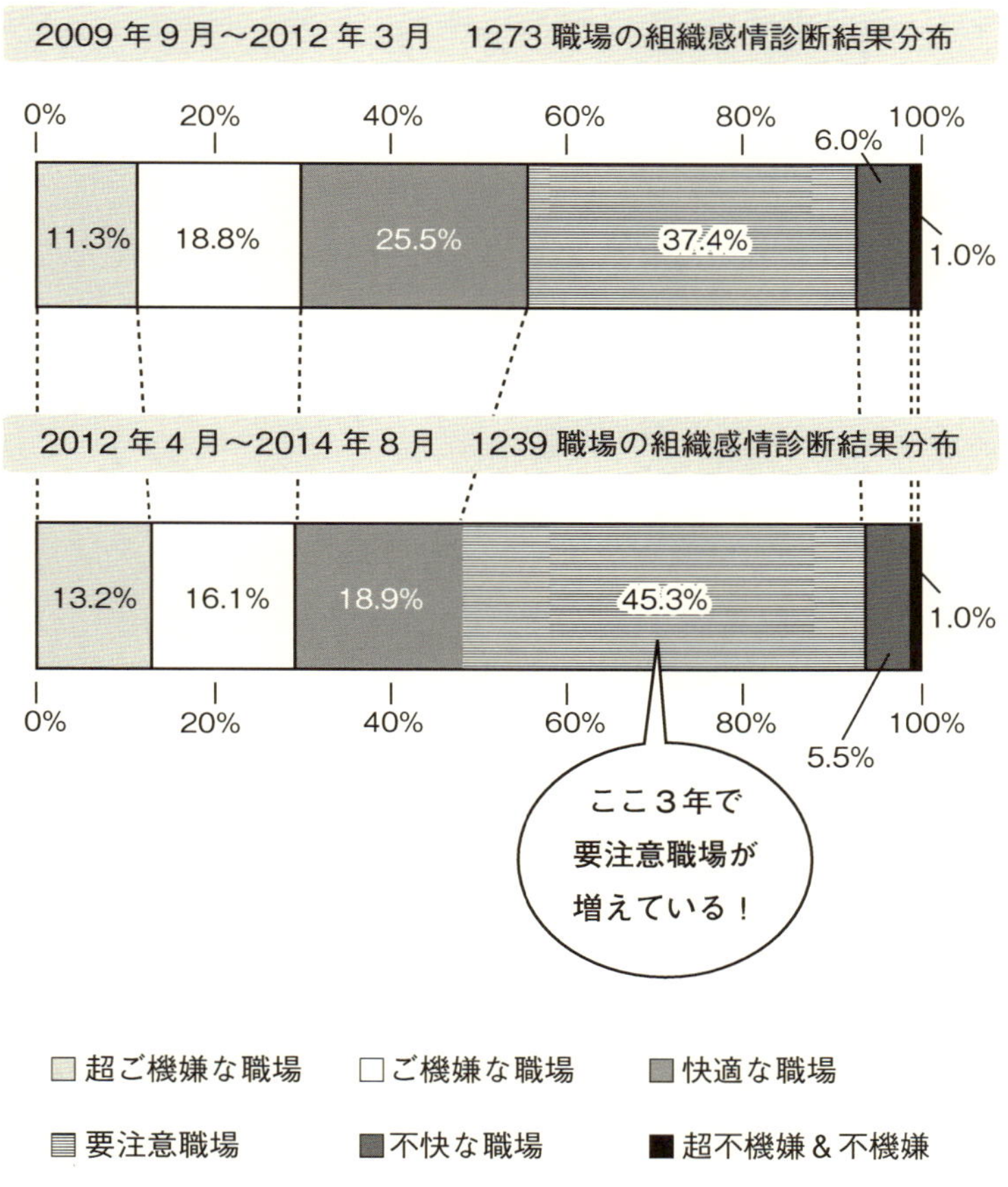

快感情が活性状態にある**「イキイキ感情」**。仕事や職場が楽しいと感じ、将来への期待感を持てる。だからこそ自分からやってみよう、チャレンジしようという主体感や、みんなで目標を達成しよう、みんなで一緒に頑張ろうという一体感も持てる。こういった感情が、「イキイキ感情」です。

ところが、頑張ろうという気持ちがあってもなかなかうまくいかない、成果が出ない、ついていけないと思う人が増えていくと、**「ギスギス感情」**が出てきます。

最初は、緊張感、プレッシャーです。適度な緊張感は必要です。ところがうまくいかない状況を続けていくと、自分がうまくいかないことに苛立ち、周囲が気づいてくれない、動いてくれないことへのイライラを募らせていきます。そして最後は、そうした状況をつくっている上司や周囲に不信感を持つようになる。中には周囲に攻撃的になる人も出てくる。これが、「ギスギス感情」です。

こうなると、逆に気持ちがついていけずに落ち込んでくる人、心を閉ざす人が出てきます。これが**「冷え冷え感情」**です。

最初は不安感から始まります。このままで大丈夫なのか、自分はここでうまくやっていけるのか、将来はどうなるのだろうか……。

こうした感情が続くと、前向きな気持ちを失っていきます。やる気が出ないと感じるよ

4つに分類される組織感情

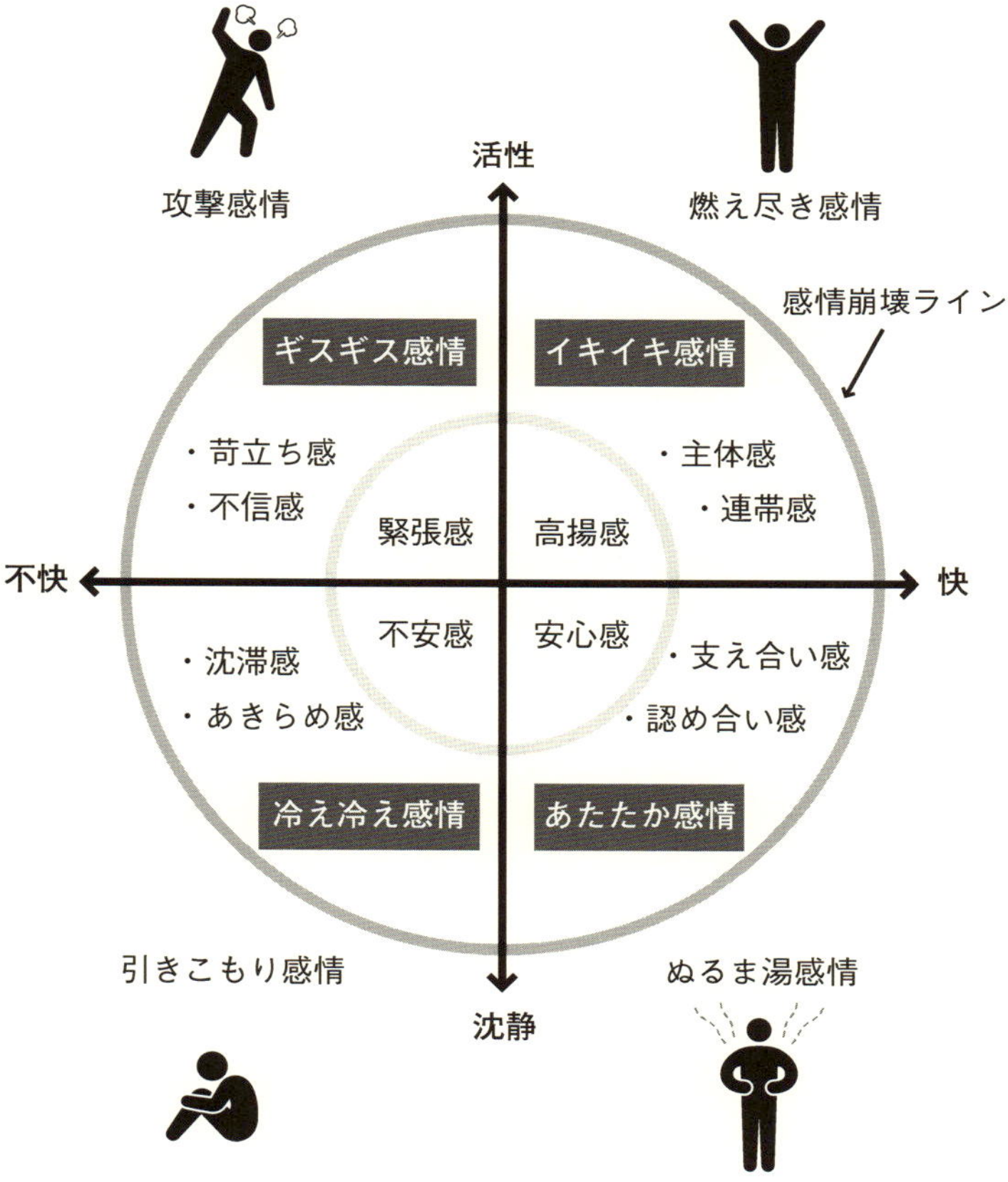

※組織感情はJ.Feelの登録商標です

うになり、自分への自信も失っていく。さらにこの状態が続くと、あきらめ感が蔓延してくる。どうせ何をやっても無駄だよ、我慢するしかない、耐えるしかない。こうしたあきらめ感が、引きこもる人、他者との関係を拒否する人をつくっていきます。

こうならないために、一番大切な感情、それが**「あたたか感情」**です。お互いのことを見ている、いざというときは守ろうという気持ちがある。だから、お互いを助け合い、支え合っている、知恵を出し合っているという感情を共有できている。さらに、そうしたやり取りを通じて、お互いを認め合い、感謝し合う気持ちが交流している。こんな感情が「あたたか感情」です。

こうした感情を自分自身は持っているのか、周囲にこうした感情が広がっていると思うかを回答しながら、職場単位で広がっている感情を可視化します。

感情を共有するための小さな仕掛け

組織感情診断の結果を研修という形で、マネジャーにフィードバックするケースと、職場全員に一気にフィードバックするケースがあります。

まずマネジャーにフィードバックした場合、自分が思っているよりも良くない結果が出ると、素直に落ち込む人、中にはイライラする人も出てきます。見た瞬間に意外な顔をしたり、驚く顔をする人もいます。

しかし、そのあと、みんな真剣に一つひとつの項目を見ていくと、だんだん職場のメンバーの気持ちが見えてくる。そこで感じたことをマネジャー同士で話していくと、お互いの部署で何が起きているのかが見えてきます。他のマネジャーが自分の組織の状況を一緒になって分析してくれる。

こうやって、一つひとつの職場の状況を、みんなが自分事として、意見を言い合ったり、相談し合ったりするようになっていきます。

あるいは、職場のメンバー全員で一気に見るということも行います。あまり良くないと最初は沈黙の時間が続きます。でも、必ずこんな発言をする人が出てくるのです。

「良かった。みんなも同じことを感じていたんだ。ホッとしたよ」

そんな一言で、急に皆が口を開きます。「そうだよね、みんなもっと口に出していえばいいのに」とか、「ここまで悪くないんじゃない。みんな深刻になりすぎじゃないの」という人が出てくることもあります。

お互いの気持ちが見えたことで、心の中の緊張がすっとほどけていく。気を張り、鎧を着ていた自分が、そこまでしなくてもよかったかもと、少しだけ楽になる。そんな瞬間に出会うことがよくあるのです。

感情が見えない、共有できないことが、本当にお互いを追い詰めています。まずは、お互いの感情を見えるようにする仕掛けを工夫してみましょう。

たとえば、**退社するとき、今日の気分に合ったお天気シールをスケジュールボードなどに貼って帰る。**うまくいかなかったときは雨マーク、トラブルがあったら雷マーク、順調だったら晴れマーク。今日を振り返り、自分の素直な感情を公開してみる。

すると、雷マークを見て、**「何かトラブルがあったの、大丈夫？」**と気にしてくれる人が出てきたり、雨マーク続きだと、**「なんか元気ないね、どうしたの？」**と声をかけてくれる人が出てきます。これが自然な声がけ、気遣いを生んでいくのです。

お互いの感情を知る。伝え合ってみる。互いの心を拓くことから第一歩が始まります。

相手の行動の裏にあるものは？

お互いがいきなり対話できない、感情を伝え合うことが難しいケースもあります。たとえば、上司と部下の関係がその典型です。こんなときはどうしたらよいのでしょうか。

大切なのはお互いの立場に立つ、お互いの目線で起きていることを客観的にとらえてみるということです。

ジェイフィールでは、実際に起きている出来事を役者に再現してもらい、演劇や映像にして観てもらうという取り組みもよく行っています。

上司からすると、反応が少ない、はっきりと発言しない部下に苛立ってしまう。でも、なぜその人がすぐに返答できないのか、その背景にある不安や自信のなさがどこからきているのか。こうした背景にある心理も含めて、演劇や映像にして見せてあげると、客観的にその人を見ることができるようになります。その人の振る舞いの背景にある本当の気持ちに気づいていけるのです。

あるいは、マネジャー研修の中で、**最近起きた出来事を書き出し、そのやり取りの裏にある自分と相手の感情を探り出す**というワークも効果的です。右側に実際の会話（セリフ）、左側に実際に口には出していない本音の会話（セリフ）を書き込むことから、「左側のセリフ」と呼んでいるセッションです。こうやって、起きている出来事を客観的にとらえ、その背景にある感情を知ろうとすることで、今まで上司という立場でしか見えていなかったことが、相手の立場、目線で見えるようになってきます。

自分としては当たり前の行動、何気ない一言が、相手にとってはきつい言葉であったり、やる気をそいでしまったりする行動になっているかもしれないと、感じられるようになる

――こんな風に、相手の感情を客観的に見てみることで、相手への受容性を高めていくことができるようになります。

壁を壊す第一歩

従業員意識調査（サーベイ）の結果が年々悪化しているという会社がありました。従業員サーベイの自由記入欄に、かなり手厳しい批判、辛辣な言葉が並び、経営層もその内容に苛立ち、同時に落ち込んでいました。**社員の気持ちがますますわからなくなってしまったのです。**

実際に入り込んでヒアリングしていくと、一部の上司やベテラン社員の厳しい指摘や理不尽な指示に振り回され、結局、仕事が遅れ、チェックも甘くなり、自分が追い込まれてしまったという経験を持つ人がかなり多くいることがわかりました。

当然、上司やベテラン社員は良かれと思ってやっているのかもしれませんが、現状の業務管理のあり方からすると多くの人たちは行き過ぎていて、逆に問題だと感じていました。ところがそれを誰も止めない、放置している。

こうした問題が至る所で出ているにもかかわらず、何も手を打とうとしない部門長クラス、経営層に不信感を抱いているという構造が見えてきたのです。
そこで**部門長クラスが集まり、何度か合宿形式で議論を繰り返しました。**途中で意見がぶつかり合い、感情的になる場面もありました。

その中で行きついたのが、やはり自分たちが社員としっかり向き合おうとしてこなかったことに原因があるのではないかという素直な反省でした。

業務を回す、部門成果を出す、そのために一人ひとりの意識を高めろとはいってきたけれども、実際に起きてきた問題を組織的に解決することなく、放置してしまったのは、まぎれもなく自分たちの責任だ。現場で起きていること、現場の中でみんながどんな気持ちで働いているのかに気を配ることなく、業務の効率ばかりを優先してきた。そんな目で見ると、彼らの苛立ちの言葉、批判的な言葉の真意が見えてきたのです。

当然、ここに行きつくまで、侃々諤々《かんかんがくがく》の議論がありました。社員を責める人もいたり、自分はしっかりとやっていると自己正当化する意見ばかりをいう人もいました。しかし、議論を重ねる中で、社員の気持ちを正面から受け止めるべきだという強い思い、覚悟が出てきたのだと思います。

最終的には部門長クラスがみんなで、起きている問題を正面から解決しようとする自分たちの努力がこれまで足りなかったと社員の前で謝罪しました。それが彼らとの間にできた壁を壊す第一歩になると思ったからです。

経営層も管理職も、現場のメンバーも、異なる立場にある人の心理がなかなか見えてこない。演劇や映像で見たり、実際の声を拾ってくる。でも、**大切なのはその背景にある心理を共有すること。**そこには立場は違っても、それぞれの立場での苦しみやつらさがある。それを共有することが、自分の立ち位置を変え、また一つ、心の窓を開いていくことになっていくのではないでしょうか。

趣味を、出身地を、経験を、思いを知っていますか

お互いの感情が見えてきたら、お互いを理解し合うための対話、お互いを支え合うための議論をしてみます。

たとえば、改めて自己紹介をしてみる。**「実は私は……」といって、みんなに語っていなかった自分の経験、趣味、思いを語ってみる。あるいは、経歴を素直に語ってみる。**

すると出身地や出身校が同じだった、趣味や学生時代に熱中していたことが同じだった、同じスポーツやチームが好きだった、同じようなこだわりを持っていたなど、いろいろな共通点が見えてきます。

今は個人情報保護もあり、特に雇用形態が違っていたりすると、お互いの家族構成もどこに住んでいるかもわからないというケースがよくあります。改めて自己紹介してみると、実は同じだった、似ていたということが出てくる。こうした**近いもの、似ているものを感じると、心理的距離が一気に縮まります。**

また、お互いの振る舞いや行動の背景にある考え方、価値観を知ると、相手への理解がさらに深まります。

これまでの人生の中で、自分が一番イキイキした瞬間、逆に苦労して、もうダメだと追い込まれた瞬間、顧客や周囲にいわれてうれしかったこと、一番努力したと思うこと……。こんなテーマで、一人ひとりが話をしていく中で、この人はどういうときに頑張れる人なのか、何があると落ち込むのか。そのときにどういう考え方をし、何を大切に行動する人なのかが見えてくる。すなわち、**その人の人となりが見えてきます。**

こんな対話を毎朝一〇分でも、あるいは二週間に一回は昼時、弁当を持ち寄ってでも、みんなで話す場をつくってみましょう。

こうした対話を通じて、お互いの関係を革新していく取り組みとして、ジェイフィールでは「ご機嫌な職場づくり運動」という取り組みを支援しています。

最初に組織感情診断を取って、マネジャーと中堅の職場リーダーが一緒になって、職場をどう元気づけるかを議論します。そして、職場づくりの方法論を現場に持ち帰ってもらい、活動がスタートします。さまざまなテーマで対話しながら、お互いの距離を縮めていくためのワークブックも用意して、職場で活用していただいています。

正直、何をどういう順番で対話したらよいか、どういう対話がお互いの距離を縮めていくのかがよくわからなくなったという人たちも多くいます。少しずつでも継続しながら、対話を進めていくための仕組み、支援は必要だと思います。

真剣に向き合い、距離を縮めていく

上司と部下とが真剣に向き合いながら、距離を縮めていく取り組みも考えてみましょう。ジェイフィールでは戦略的ＯＪＴと呼んでいるプログラムですが、**部下に上司が寄り添って、二人三脚で高い目標に向けてチャレンジ**しようというものです。

多くの若手社員、中堅社員の悩みは、自信が持てるような大きな経験をしたことがないというものです。

リスク管理が重要になり、失敗が許されない状況で育ってきた人たちです。責任ある大きな仕事を任せてもらった経験がない。目の前の仕事で成果を出していても、どこか自分で困難を乗り越えた、修羅場を経験して大きくなったとまでは思えない。

そんな**若手社員、中堅社員が感じている成長の壁を上司と一緒に乗り越えていく**。こんな風に上司と部下が真剣に向き合い、二人三脚で過ごす半年間のプログラムです。

最初にその人が大きく成長するための少しハードルの高い目標を立てます。

たとえば、今まで自分たちの製品を取り扱ってくれていない企業に、ここで真剣にアプローチしてみる。

技術的な課題を洗い出し、従来のやり方を変える新たな方法を提案する。

社内の新規開発プロジェクトのリーダーをやってみる。

もっと身近に、周囲を巻き込む動きを主体的にとってみる。

業務管理の仕方を徹底し、自分で気づき、修正、改善する仕事の仕方を身につける……。

こうした、本人の大きな自信につながる目標を設定し、それを実現できるように上司が徹底的に支援し、伴走していきます。

やっていくと上司と部下との関係がみるみる変わっていきます。毎週対話しながら、半年かけて取り組んでいきますので、お互いのことがよくわかるようになる。親身に向き合ってくれるようになる上司への信頼感が徐々に芽生えてきます。最終発表のときに、**「最初は上司のことが嫌いでしたが、今は好きです」**と明るく語った人もいました。

上司もここで、部下に大きな経験をさせてあげたいと思うと、顧客や取引先、周囲の先輩にも、サポートしてやってほしいと働きかけていきます。そんな思いが連鎖すると、周囲の先輩たちもここで成果を出させてやりたいと思い、協力してくれる人も出てくる。サポートがあったからこそ、最後はうまくいったのかもしれないというケースも多々あります。でも、そうした期待と支援を受けて、若手や中堅の社員も必死になる、あきらめずに頑張り抜く。こんな活動を通じて、みんなの距離がぐっと近くなっていくのです。

職場のメンバー同士も、上司と部下との間も、目に見えない距離感がお互いを苦しめてきました。しかし、互いのことを一歩深く理解し、寄り添っていく中で、互いの良さが見えてくる。こんな期間を集中的に設けることが必要だと思います。

マネジャー同士が横でつながる

ところが、そうはいってもうまくいかない人も出てしまいます。

職場でのコミュニケーションを改善しようと、取り組んではいるものの、みんなの反応が相変わらず良くならない。一部の人は前向きに参加してくれてはいるけれども、いろいろ言い訳をつけては関わってくれない人もいる。どうしたらよいのか。

上司と部下とのペア研修においても、逆に話せば話すほど、何が彼の課題なのかが見えなくなった、どう伝えたら彼が動機づくのかがわからない。そんな悩みを募らせる人も出てきます。こうしたときに、大切になるのが、互いを支え合う仲間をつくることです。特に、**コミュニケーションの核となるマネジャー同士が横でつながることが重要**です。

実際にはうまくいかないことも多い、なかなか進まないこともある。それは当たり前のこと。そのときに、苛立ちや落ち込んだ感情を受け止めながらも、ともに前に進もうと励まし合う仲間がいるかで、活動が持続できるかどうかが決まります。

職場づくり運動も進めていくと、ある特定の難しい人と向き合わなければならなくなるということが起こります。**どう向き合ったらいいのか、どう対話したらよいのか、互いに知恵をもらう、アドバイスをもらう。うまくいかなかったときに、相手の心理を一緒に考えてもらう。**そうした難しい問題に知恵を貸しながらも、後押しをしてくれる、いざというときには守ってくれる仲間をつくることが重要になるのです。

マネジメントは水泳

こうしたマネジャー同士の横のつながりの重要性を指摘し、マネジャー同士が互いの経験を持ち寄り、学び合うことを通じて、成長していくプログラムを提唱しているのが、カナダにあるマギル大学の教授ヘンリー・ミンツバーグです。

彼は、マネジメントとはセオリーや手法を学べば誰でもすぐにできるというものではないと語っています。むしろ、実際に水の中に入りながら、泳ぎ方を覚えていかなければ、身につかないようなものだというのです。

部下に同じように指摘しても、ある部下は前向きに受け止め、ある部下は逆に否定されたとひどく落ち込んでしまう。原理原則だと思ったことでも、場合によっては相手に伝わらない、逆効果になってしまうことすら起きてしまう。それがマネジメントの難しさであるということです。

だからこそ重要なのは、日々の出来事、経験を振り返り、その中に意味を見いだすことを習慣化することです。**部下との対話の中で忙しくてやり過ごしてしまったこと。でもよく考えるといつもと違う反応。なぜ、彼はそんな反応をしたのだろう。そのとき彼はどんな気持ちだったのだろう。**事実だけでなく、自分の気持ちを振り返りながら、相手の感情についても考えていく。

しかも自分だけで考えると、客観的になれない、自分の固定観念にとらわれているかもしれない。だから、同じような立場で頑張っているマネジャー同士で一緒にその部下のこ

リフレクション・ラウンドテーブルの全体像

- 自らの経験と理論に基づき、内省と対話を繰り返して、実践的にマネジメントを学ぶプログラム
- 同じ組織に属するマネジャーが集まって、毎週1回、75分のセッションを20～30回繰り返す

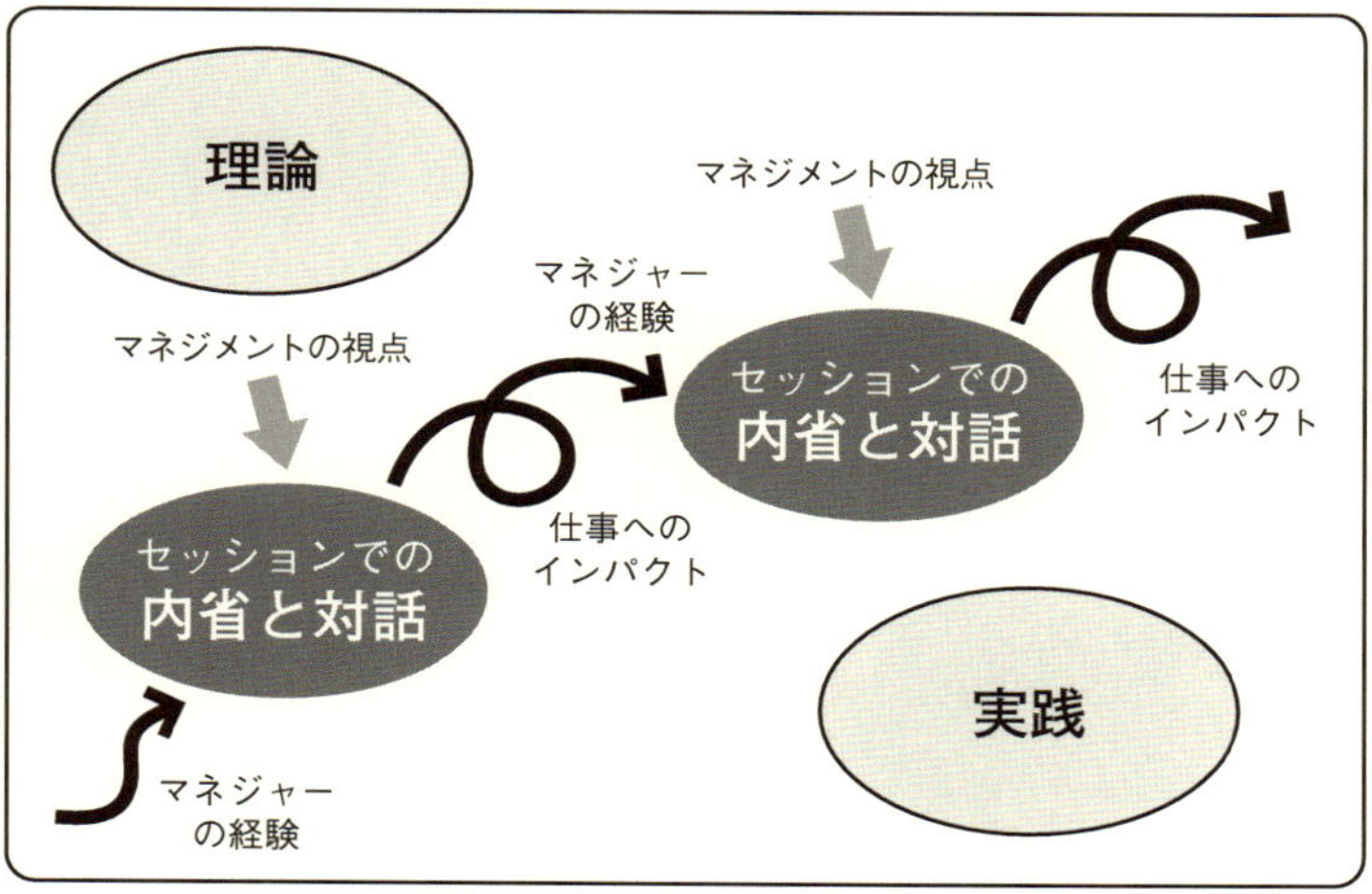

マネジャーに必要な5つのマインドセットを学ぶ

	マインドセット	マネジメント対象
1	**内省** (reflection)	自分を知る
2	**分析** (analysis)	組織に働きかける
3	**広い視野** (context)	思考を広げる
4	**協働** (collaboration)	関係を築く
5	**行動** (action)	変革を進める

とを考えていく。

こうした「内省」と「対話」を繰り返しながら、人への感度と受容力を高め、自分の壁を乗り越えていくことを互いに支援し合う。こういった関係を築いていきます。

日本では「リフレクション・ラウンドテーブル」と呼んでいるプログラムですが、本当に多くのマネジャーたちが、一緒にマネジメントの苦労をシェアしながら、みんなでマネジャーとして成長していこうという取り組みが行われています。

毎週一回、半年ほどで二〇〜三〇回も対話していくと、マネジャーたちが強い絆で結ばれていくのがよくわかります。

状況は違っても、同じように苦しみながらも、マネジャーという仕事と真剣に向き合う「同志」のようになっていきます。こうした仲間がいるからこそ、マネジャーという仕事が楽しくなってきたと、発言するようになる人も出てきます。

困難な仕事であるほど、一緒に乗り越えてくれる仲間が必要です。マネジャーだけでなく、各世代が同じような課題を抱えている場合、こうした横のつながりが組織を支える土台にも変わっていくのです。

関係革新というステップでやるべきこと。それは、**崩れかけた組織の土台をつくり直す**ことです。

多くの企業で、信頼という土台、仲間という土台が揺らいでいます。このままでは、何をしてもどこかで追い込まれるのではないか、自分だけが損をしないかという猜疑心が拭えない。お互いの発言、振る舞いの背景にある感情、心理を理解し合えるようになれば、誰も本当は悪い人はいないし、みんな自分と同じように苦しんでいる人たちだとわかる。そこで初めて、みんなが同じ土台に乗ることができるのです。

大切なのは、ここからです。この土台を簡単には崩れない、強固なものにしたい。そのためには、互いを知り、互いを思いやるからこそ、みんなが守られ、前向きになれる。そんな関係を維持し、発展させ続ける良いサイクルを生み出していく必要があるのです。

まずは、お互いのことが見える、お互いのことをよく知る機会や場をつくり出す。その中で自然とお互いが良いフィードバックをし合う関係をつくり出す。**「ありがとう」「よかったね」「すごいね」「助かったよ」**……こんな言葉が自然と行き交う職場にしていく。

「よかったね」が行き交う職場

そうした**小さなフィードバックが、各人の小さな肯定感や効力感を積み上げていく。**頑張れば周囲が認めてくれる、自分を必要としてくれる。こうした気持ちが、心の扉を開き、意識を内側から外側に向けてくれるようになる。

そういう関係性が回復されると、自分も周囲のことが見えてくるようになる。周囲が困っていたら助けようと思えるようになるし、自分から気づいたことには踏み込もうとする人も出てくる。そうすると、ますます、周囲から感謝や認知の言葉が返ってくる。

こうした他者のための行動が、感謝や認知として返ってくるプロセスがしっかりと構築されるようになると、誰しも自発的かつ協力的に行動を起こしやすくなります。そして、助け合い、知恵を出し合う組織になっていきます。**良い感情の連鎖が起きていく**のです。

関係革新が進んだかどうかを判断するのは、このサイクルが生まれてきたかどうかです。

そのためにキーになるのが、「認め合う」ということです。

お互いのことを認め合う、お互いが良いフィードバックを返し合う。

こうした関係性が、組織の中で失われた、「思いやり」「やさしさ」というあたたかい感情を取り戻していくことにつながります。

まずは、組織の土台となる関係づくりから始めていくことが大切です。

組織革新に取り組む企業に学ぶ 1

「上司・部下の関係性を起点に、組織全体の関係性を変えていく」

日産化学工業株式会社

関係性を変えていく。職場でもっとも基本的な関係は、直属の上司・部下の関係でしょう。上司と部下は、毎日向き合ってコミュニケーションしているようですが、実のところはどれだけ理解し合っているのでしょうか。あまり会話もないという話を聞くことも少なくありません。

日産化学工業では、職場の基本単位である上司・部下の関係性を起点に、組織を変革するための取り組みを進めてきました。実際に参加した上司や部下に、どんな変化があったのかを見てみましょう。

◉目の前の人の感情を理解できているか

日産化学工業は、一八八七年（明治二〇年）に日本最初の化学肥料製造会社として誕生し、化学品の誘導品展開を進める一方で、農業化学品、医薬品、電子材料分野へと事業を拡大しています。現在では、機能性材料（電子・無機・有機）、ライフサイエンス（農薬・

企業です。

医薬）、化学品の三つの事業領域で、製品およびサービスを国内外に幅広く提供している

一見すると安定した経営基盤を持っているように思えますが、その実態は変化の激しい市場に即した製品開発とともに、常に新しい領域での事業展開に挑戦してきた道のりといえます。そして、今もイノベーティブな製品開発が求められており、現在の人事部における中期経営計画では、「対話する組織」というテーマを掲げています。本音で言い合い、ぶつかり合うことを恐れず真実を追求することがイノベーティブな製品を生み出していくとの認識からです。

実際にこの会社の研究所を訪れてみると、会う人みんながとてもいい人たちであることがわかります。具体的に何が、というのは言葉にしにくいのですが、面会した人だけでなく、廊下ですれ違うときもみんなが受け入れてくれる雰囲気が醸し出されているのです。聞くと、「うちの社風は、誠実、まじめ、高い協調性で、取引先や研修の講師からは、素直な人たちだと異口同音にいわれます」とのことです。対立や衝突が少なく、とても働きやすい職場環境のようです。

しかし、反面、**相手を慮る気持ちが本音の対話を妨げるのではという、ある種の危機感につながる**のかもしれません。

こうした課題をなんとかしたい。その思いを胸に、研究所、人事部が一体となって「戦略的ＯＪＴ」を導入しました。上司が半年間、部下と真剣に向き合って、成長を支援していくプログラムです。

キックオフでは、部下は自分の生い立ちから始まってこれまでの人生を振り返っていきます。人生において大切なことは何だったのか、一旦ここで立ち止まって自分のやる気の源泉、価値観を見つめます。そして、充実度がどうアップダウンしたか、モチベーショングラフに表現します。

上司も同じシートに、部下の気持ちになって、その人生を書き出してみます。すると、書けない項目がいくつも出てくるのです。

「どんな学生時代を過ごしてきたのか」「どうしてこの会社を志望したのか」「一番自慢できる仕事はどのプロジェクトのことか」、そして「今、この職場で成長している実感をどれくらい持っているか」……本人でも考えを整理するのに時間のかかる質問に、上司が答えるのです。

上司にとって、部下は一番成長してほしいと願う人材です。日頃のコミュニケーションも良く、相手のことをきちんとわかっていると思っています。しかし、**部下に関する質問に答えることができない**。ここでいきなり、実はよく理解していなかったということが明らかになるわけです。多くの上司はこの段階でショックを受けてしまいます。

物質科学研究所に所属するIさん（上司）とTさん（部下）もそうでした。Iさんは「ワークショップでやったTさんのモチベーショングラフが想像とまったく違っていた」といいます。さらに、「彼を見ているようで見ていなかったことがよくわかりました。結局、部下も自分と同じだろうと思い込んでいたのですね」と。

なぜIさんに思い込みが生まれてしまったのでしょうか。

原因は日頃の会話にありました。職場での会話は、えてして業務の話に終始しがちです。プロジェクトの中で、良い結果を出すためにはどうしたらいいか、そのことを常に考えて、打ち合わせを重ねます。ことさら、互いの思いや気持ちを確認し合うような会話をすることはあまりないでしょう。

結果を強く求められる上司は特に、うまくいかないときはイライラし、好転して良い結果が出ればうれしいし、達成感も生まれます。同じプロジェクトを担当している部下であれば、当然同じような気持ちでいるだろうと思い込んでいます。

特に、上司と部下の関係が良いときは、意思疎通に困ることも少なく、同じ気持ちだろうかと疑うこともありません。**自分のフィルターで見たものが、すべてになってしまう**のです。おそらく、IさんもTさんのことをそのように思っていたのでしょう。

戦略的ＯＪＴ研修の全体像

- 上司と部下が２人１組で参加
  （１人と徹底的に向き合い、成果も成長も追求する）
- 人材育成の型を学び、実践しながら具体的な方法を修得する
- 上司は毎月ミーティング＝人材育成ゼミを実施し、お互いの取り組みについて話し合う
  （８人１グループで人材育成ゼミを実施＝８人の知恵を使って部下を育てる）

キックオフ	→	人材育成ゼミ①	→	人材育成ゼミ②	→	中間発表会	→	人材育成ゼミ③	→	人材育成ゼミ④	→	最終発表会
戦略的ＯＪＴの型である４つのＳｔｅｐを学ぶ		【Step1】適した仕事を考える		【Step2】やる気を喚起する		成長に対する部下の意欲を高める		【Step3】観察し、関与する		【Step4】成長実感を共有する		成長実感・達成感を全員で共有する
上司＋部下		上司		上司		上司＋部下		上司		上司		上司＋部下

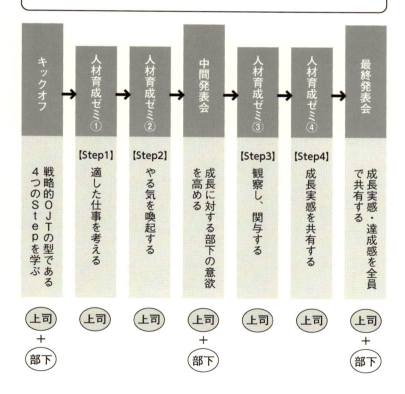

◉相手の価値観を尊重することで変わる関係性

相手は、自分が思っていたようには感じていなかった。この事実がわかると、相手の感情の背景や理由を知りたくなります。

上司と部下がともに参加するワークショップの中では、毎回たっぷり一時間半をかけて互いの理解を深めます。Iさん、Tさんペアも話し合いの中で、互いの考え方に違いがあることがわかってきました。さらにIさんは「違った考え方を持っていることに気づき、それを受け入れられるようになった点が、私自身の一番の変化」だと語ります。

仕事の優先順位やペース配分など、Tさんには T さんなりの考えがあって決めていることを理解できたので、それを尊重しようという気持ちが自然と湧いてきたのです。**相手の気持ちや意図がわかると、それを尊重しようという気持ちが生まれる。**これは人が人間社会の中で生きていく根源的な感情です。

他人を理解するということは、その人の感情や価値観を理解することであり、その瞬間、自分の感情や価値観も見つめることになります。こうして、他人を理解する過程で、自分に対する理解も進みます。

互いの価値観の違いを乗り越えて、本当に優先すべきものを見いだしていったペアもあります。同じ物質科学研究所に勤務するSさん（上司）とHさん（部下）のペアです。

上司であるSさんは、次期リーダーであるHさんに後輩指導できるようになってほしいと願っていました。しかし、Hさんは「人は育てられるものではなく、自ら育つもの」という考えを持っていたので、初回のワークショップではすり合わせができませんでした。

二人は職場に帰っても、人（研究者）はどう育つのかという点での話し合いを重ねました。上司のSさんは、人材育成をしてほしいと思うものの、「人材育成って、必要ですか？ 人は自己鍛錬によって成長していくもので、他人に何かをいわれて成長していくものではありません」というHさんの考えを完全には否定できませんでした。自分でも、人は自ら成長していくものだという考えがあったからです。

しかし、同時に組織として、若手研究者に対する指導や育成をHさんにやってほしいという思いもあります。

何度も話し合う中で、Hさんの中に認識の変化が生まれました。後輩はすべてをHさんに委ねて成長させてもらうわけではなく、必要な刺激や指導、支援をすることが、部下の自立的な成長を促進することになるのではないか、と思い始めました。同時に、「後輩のスキルやマインドを上げることが、自分にとって必要」だという意識も芽生え始めました。

変化の理由を、Hさんはこんな風に語っています。

「年齢的にも研究一本でいく年齢ではなく、悩む時期に差しかかっていました。自分が今後、どう成長し、どんな風に組織に貢献していくのかを模索している時期でもありました。いつまでも、後輩と張り合っても駄目だと感じていましたので……。このタイミングで、人を育てる重要性に気づかせてもらえたことに感謝しています」

一方のSさんは次のように話しています。

「正直、最初は自分の価値観に従わせようという気持ちが強かったですね。お互いの生い立ちを語れるくらいに話し合う中で、次第にHさんの価値観を認めようという考えに変わってきました。無理に歩み寄る必要はないし、お互いの価値観を大事にしながら、HさんはHさんらしく部下を育成すればいいと考えるようになりました。育成についてどう考えるかは、Hさんの課題であると同時に私の課題でもありました」

互いに価値観の違いを認めつつ、一つの方向に進んでいく。「言うは易く、行うは難し」です。

しかし、ここで見てきたように、**大きな方向感や目標を共有していると小さな違いが気にならなくなってきます**。そのためには、お互いにしっかりと見ていることが大切です。一度、目標を握ったから大丈夫と放任するのではなく、要所でこういう意図であの行動を取っているのだろうと見守り、あるタイミングで確認するというプロセスが求められます。

異なる価値観の人を認めるという意味で、「リスペクト＝respect」という言葉があります。和訳として「尊敬」という言葉があてられることが多く、目下の人が目上の人を敬う意味合いが強くなっていますが、本来はフラットに互いを認める、尊重するという意味です。「re」は「再び」とか「折り曲げる」という意味が一般的ですが、「強意」すなわち強調する意味もあります。「spect」の語源はラテン語の「specere」で「見る」という意味です。**「respect」とは「注意深くよく見る」という意味から生まれている**のです。

これまでの日本企業、もしくは日本の社会は単一の価値観で揃うことを強いてきたといえます。それが容易だったという特殊事情がそうさせてきた側面もあります。一方、単一価値観に慣れたために、身近な人をしっかりと見つめる、理解しようとする姿勢が不足した側面もあるのです。

◉上下の関係性が横に広がる

上司・部下の間に気づきが生まれた背景には、互いに率直に向き合っただけではなく、一緒に同じプログラム（戦略的ＯＪＴ）に取り組んでいる仲間の存在がありました。Ｓさんが、ワークショップの中で上司メンバーにいわれた強烈な一言は、「もう一人のＳをつくりたいのか？」という指摘でした。自分の価値観を押しつけようとしているタイミングで指摘されたことで、自分の偏りに気づくことができました。

人と向き合うことに自信を持ったSさんは、自分も他の上司メンバーに対して「部下とちゃんと話し合ってる？　ゴールイメージと成長課題が握れるまで、腹を割って話し合わないとダメだよ」と自然とアドバイスするようになりました。同時に、仲間からの厳しいフィードバックも不快には感じないといいます。仲間と相互信頼という関係性ができれば、自分に対する厳しい指摘を前向きに受け止める余裕も生まれます。

こうして、上下のつながりをつくる過程で、上司同士の横のつながりができてきました。会社が用意した戦略的ＯＪＴプログラムは、半年余りで終了したのですが、そこに参加した上司たち（ＩさんやＳさんたち）は、所長の支援の元、自主的に継続的な集まりを持つことにしました。人材育成の作戦会議という名前をつけて、次の段階に進んでいます。ここまでは一人の部下を集中して見てきたわけですが、その**成功体験をさらに拡大しよう**としているのです。

その中のＹさんは、二人目を育てるということではなく、残り五人の部下全員を対象に、お互いがお互いの成長に関わり合うチームをつくろうと考えました。しかし、一人の部下を育てるにも試行錯誤の連続だったのに、五人同時、さらにメンバー同士が関わり合うことになると、ハードルはとても高くなります。そのとき、上司メンバーの集まりである作戦会議の場が頼りになります。同時に、彼が行っている育成の取り組みは、他の上司にとっても大きな刺激になります。

支援し合いつつ、刺激し合う関係です。私は、この関係をピア・サポートとピア・プレッシャーと呼んでいます。かつては「良きライバル関係」という言葉がありましたが、彼らは**ライバルのように切磋琢磨し合いつつも、具体的なアドバイスや直接的な支援をするという意味で、一段進んだ関係**だといえます。

◉コアの変化が組織全体の変化へ

横に広がる動きは、組織横断の取り組みにまで発展しました。研究所の垣根を越える動きです。最初にスタートした物質科学研究所（主に物質の合成を担当）は、研究のパートナーである生物科学研究所（主に物質の評価を担当）を巻き込み、二つの研究所合同の取り組みへと進化しました。互いの研究所を訪れたことがない中堅・若手の研究者が、双方の研究現場に出かけ、一緒になって、共通のテーマである人の成長について考えるようになりました。

二つの研究所を融合させる取り組みは、研究所と人事部が仕組んだことですが、この取り組みを通じて、実際の業務においても成果が生まれつつあります。物質科学研究所が見つけた化合物の安全性が芳しくない結果が出たとき、これを何とかしようという動きが双方から生まれました。簡単にあきらめず、何とかならないだろうかと、両研究所のメンバーが集まって、いろんな角度から可能性を追求していきました。その結果、新たに効果の高い化合物が生まれました。

両研究所の連携がなければ、ここまで粘ることもなく、知恵も出てこなかっただろうから、この化合物は生まれていなかったかもしれないと担当者たちはいいます。

もともと戦略的ＯＪＴを導入し始めたのは、**「対話する組織をつくり、イノベーティブな製品をどんどんと出していく」**ために始まりました。現場で一人ひとりが一歩踏み出したり、声をあげたり、時には厳しい指摘を互いに行うことが一つのゴールイメージでした。

今では、戦略的ＯＪＴに参加していない部長たちにも、自発的な動きが生まれてきています。**下の階層の変化が、上位層の新しい動きを引き出した**のです。生物科学研究所では、部長が管理職を集めて、交流の場を設けたり、テーマ設定に関するアドバイスを具体的に行ったりするほどになりました。物質科学研究所でも、部長が育成について語り合う場を設けたり、一期生と二期生の交流する場を設定したりしています。

一連の取り組みは始まったばかりですが、上司・部下という職場のコアの関係性が変わることで周囲の変化を引き出し、目指す組織に向かって進んでいることを実感します。

第5章

【ステップ2】
仕事革新～働く喜びを取り戻す

「仕事は大変だけど、面白い」はずだった

お互いが本音で向き合い、対話できる関係ができたら、次に踏み出していきたいのが仕事革新です。

目の前の仕事をこなすしかない、結局は自力でどうにかしなければならない。そう思って、抱え込んで仕事をしているうちに、仕事の意義が見えなくなる、働く喜びが得られなくなる。そうした期間が続くと、仕事への思いも失っていく。

この状態からみんなで抜け出す。「仕事は大変だけど、面白い」と心から思えるようになる。そのための革新を起こしていくのが、第二ステップです。

でもどうしたら、そんな気持ちを取り戻せるのか、見いだせるのか。

そのためには大きく五つの取り組みが必要になります。

①働く喜びを実感できる働き方を考える

②「つながり力」を生み出すマネジメントに変える

③世代間のギャップを活かす

④雇用形態、勤務形態の違いを乗り越える

⑤仕事への誇り、思いを重ね合わせる

以下では、どのような考え方に基づいて、どのような取り組みをしたらよいかを具体的に考えていきます。

どんなときに働く喜びを実感するのか

なぜ、働く喜びを実感できないのか。成果が出ないから？　やりたい仕事じゃないから？　自己裁量がないから？

社会心理学者のリチャード・ハックマンとグレッグ・オルダムは、仕事の特性そのものがモチベーションにどう影響するかを研究しています。多様な技術やノウハウを活用することができ（①技術多様性）、担当する業務が重要であり（②タスク重要性）、さらに自分で最後まで完結して仕事ができるとき（③タスク完結性）、仕事を有意義だと感じる。さらに、自己裁量があり、自律的に仕事を進めることができ（④自律性）、成果や有効性が明確になっているとき（⑤フィードバック）、責任感と成果実感を得られることができるというものです。

今の状況下で、仕事へのやりがい、仕事へのモチベーションを高めるには、どうしたらよいのでしょうか。

重要なのは、ここでいう仕事の特性は決まったものではなく、本人のとらえ方や周囲との関係の中で大きく変わるということです。

自己裁量で、自己完結で仕事をしている。仕事の重要性も認識しているし、技術的にも難易度の高いことが次々に要求されている。上司からフィードバックは返ってくる。表面的には、すべての条件を満たしているように見えます。それでも、仕事に前向きになれないという状況の人も多いのではないでしょうか。

それは、**仕事の重要度に心から共感できていなかったり、自己裁量といっても結局は誰も助けてくれないから自分で決めるしかないという状況であったり、フィードバックといっても結局は成果が出たかどうかだけを問われていたり。**つまり、条件を満たしているようで、実は孤独な作業の中で心理的負荷だけが増大していく状況になっているからです。

いくらやりがいのある、面白い仕事だとしても、それを一人でやり続けていて、本当に頑張り続けることができるのでしょうか。

いくら成果を出し、人事評価は高くても、それを心から喜んでくれたり、ほめてくれたりする人がいなくて、働く喜びを感じられるでしょうか。

何か問題があっても相談できない、知恵を貸してもらえない状況で、自己裁量なのだから自力でどうにかしようと思っても、打開策が出てくるのでしょうか。

周囲が見てくれている、周囲が何かあったら支援してくれる、周囲が頑張りを認めてくれる……。**個々人が自己完結で仕事をしていても、周囲とつながって仕事をしていれば、孤独だと感じ、閉じこもることはなくなります。**

大事なのは、仕事の意味や取り組みについて、周囲の仲間と共有していくということです。どんなことを共有し、どんな関係性があると、人はより仕事にやりがいを感じ、知恵が出て、難しいことも乗り越えていくことができるのか、仕事が楽しくなるのか。そこを考えていくことが必要です。

組織力とは「個人力×つながり力」

ここまで述べてきたことは、個人の目線だけでなく、組織全体が良い仕事をしていくためにも大切な視点です。

バブル経済が崩壊して以降、企業の判断軸が効率性、収益性に傾きすぎてしまいました。

同時に、仕事の専門性と難易度が高まり、管理職も部下の仕事をすべて把握して、適切な指示や判断をすぐに行える状況ではなくなりました。

その結果、組織マネジメントの根幹の基本原理が、自律、自己責任になっていったのです。

こうした変化は、一人で抱え込み、自分で判断することのリスクが高まるという問題も生みました。ちょっとした判断ミス、不用意なやり取りが大きな問題になる。それがネット上で広がるリスクもある。中には自分の待遇、処遇への不満、絶望感から、やってはいけないことに手を出し、不正を行ってしまう人も出てくる。

こうした状況の中で重要なのは、周囲から何をしているのか、何を考えているのかがわからなくなる**「見えない人」をつくらない、「孤立する人」をつくらない**ということです。自分だけではどうにもできないことが増えていく。自分の判断だけで、正しい解決策につながらないリスクも高まっている。だからこそ、個ではなく、組織の力で仕事を進めることが重要になってきます。

組織力は、個人力とつながり力の掛け算で決まります。**個々人の能力、意欲が高いことは重要です。でも、その力がつながらなければ、組織力にはならない。**個々人の力を結びつける力、それが「つながり力（リレーションシップ）」です。

私は拙著『人が「つながる」マネジメント』（中経出版）の中で、つながり力を生み出すマネジメントということで、次の四つのマネジメントを提案しています。

①相互理解のマネジメント……関係を支える土台をつくる
②差異化のマネジメント……力を引き出す関係をつくる
③結合のマネジメント……力を結びつける関係をつくる
④自浄のマネジメント……成長を支援し合う関係をつくる

「つながり力」を生み出す四つのマネジメント

相互理解のマネジメントは、第4章で述べたような信頼関係の土台をつくるためのマネジメントです。

この土台があった上で、一人ひとりが本当はどういう力を持っているのか、一人ひとりが周囲にとって頼られる何かを持つ、何かがあるということに気づく、共有するというマネジメントが必要になります。

お互いの仕事の経験を棚卸ししてみる。どのような部署で、どのような仕事をしてきたのか。そこで身につけた能力やスキル、そこで身についた仕事への姿勢、こだわりなどを出し合ってみる。すると、意外な分野の仕事経験があったり、みんなが知らなかった専門性や知識があったり、その人なりの仕事の仕方、考え方、価値観が見えてきます。

今の仕事で成果が出せず、ダメだなと思われている人も、よく聞くと、本当はいい経験をして、いい力を持っている人もいる。今の技術やスキルは足りなくても、仕事の中で必要な判断軸、そういう場での行動の仕方をしっかりと身につけている。

そんな良さをお互いが知り、認め合うと、お互いの「頼りどころ」が見えてきます。

ただし、そうした能力やスキル、良さを理解し合っても、日々の仕事はみんな自分の仕事をこなしていくしかない。だとすると、日々の仕事の中で何かあったらすぐに相談できる、気づいてもらえる仕組み、仕掛けを考える必要があります。これが結合のマネジメントです。

お互いの仕事状況、忙しさ、不安、うれしかったことなどを、都度シェアする仕掛け。何かあったとき、SOSが出せる、自分の気持ちを発信できる仕掛け。

ジェイフィールでは、顧客用につくったのですが、自分たちでも活用している社内用SNSがあります。WRT（ウェブ・リフレクション・ラウンドテーブル）と呼ぶもので、日々の出来事を日記感覚で書き残していきます。その出来事を通じて得た感情を天気で表現し、起きた出来事と、そこで感じたことを簡単に書いていきます。

リレーションシップ・マネジメントとは

集団や個人をマネジメントするのではなく、関係に焦点を当て、
互いの力を引き出し合い、支援し合う関係をつくるマネジメント

1．相互理解のマネジメント

互いを理解し、共通の土台をつくる
（声かけ、お互いを知る、職場のマナーづくりなど）

↓

2．差異化のマネジメント

互いの良さを認識し、連携の仕方を共有する
（職場ビジョン、得意技の棚卸し、ポジショニングなど）

↓

3．結合のマネジメント

互いが柔軟に結びつき、支援し合う
（仕事の見える化、ＳＯＳの仕掛け、持ち寄り会議など）

↓

4．自浄のマネジメント

互いを認め合い、存在価値を見いだす
（良い仕事評価、感謝と認知のフィードバックなど）

（4 → 2 へ戻る）

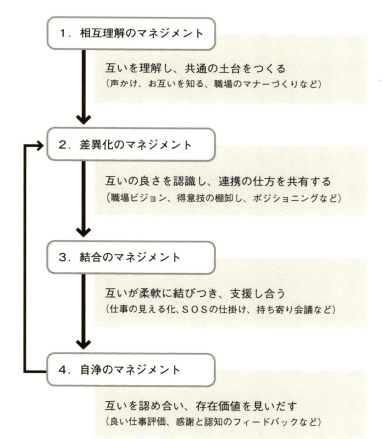

そうすると、すぐにメンバーが反応してくれる。「いいね！」を押してくれたり、アドバイスや励ましのコメントをくれたりする。「みんな教えて」というコーナーに投稿すれば、いろいろな知恵や経験を教えてくれる。

私たちも日々、みんなが飛び回って仕事をしています。一週間会えなくなる人もよく出てきます。それでも、みんなが一緒に働いている状況をどうつくるか。同じ空気感を感じながら、自分の気持ちも発信しながら、知恵を出し合い、難しい問題を一緒に乗り越えていく。こんな働き方に変えるちょっとした仕掛け、プラットフォームをつくり出していく。

ＩＴの進化に頼りすぎると、ちょっとした言葉が誤解を与えたり、一人歩きすることもあります。また、**自分の感情を発信しても、誰も反応してくれないと思うと、かえって孤立感を深める**人も出てきます。

ですから**仕組みをつくれば、それで十分ということではありません**。むしろ、そのあとにどうその仕組みを使って、相互支援を行えるか。こうした小さな手助けの連鎖が、組織としての力を引き出すだけでなく、個々人の仕事への意識や喜びを引き出していくことにつながるのです。

各世代が抱える悩み

三つ目の取り組みは、世代間のギャップをうまく活かすことです。

この二〇年のビジネス環境の変化は、各世代の育ち方に影響を与えました。

一九八〇年代前半までの成長期を経験した五〇代世代は、上司からも周囲からもあたたかくも厳しく育てられた世代です。自分が強くならなければならない、そのために勉強し、仕事へも高い意識を持ちながら、一つひとつの仕事を丁寧にやってきた人が多い世代です。粘り腰で、工夫しながら、やり切る大切さを実感している世代でもあります。

ところが、言うことが時代遅れだ、ITの変化に対応できない、今の仕事にはついてこられないと思われてしまう人たちばかりだと思われている。

本人たちも、メインの役割はもう中堅世代にバトンタッチし、自分は旧来型のビジネスを担当していて、この先があるようには思えない。六五歳定年の時代であと一〇年、どうすればよいかと悩みつつも、新たな知識やスキルを身につけるだけの体力も精神力もない。どうにかあと一〇年、やり過ごすしかないのか。そう思いながらも、どこかでそんな自分でいいのかと悩む世代です。彼らが再び元気を取り戻す道はないのでしょうか。

バブル世代も同じような状況に陥っています。人数が多くて、管理職になれない人も多い。前向きで元気はあるけど、どこか自分に自信がない。だから、なんとなく頑張っているけれども、どこか「ソコソコ感」が漂っている。

就職氷河期世代からすると、それが許せない。給与は自分よりも高いはずなのに、明らかに自分より働かない。たいした成果も出していない。

そういう就職氷河期世代ですら、いろいろな問題を抱えています。

厳しい就職活動を通じて、自分のキャリアは自分で切り拓け、プロになりなさいといわれて育ってきた人たちです。責任感も強く、専門性を高め、自分を磨いてきたという自負心もある。ところが、リーダーになると急に自信をなくしてしまう人が出てくる。今までの仕事の多くが自力で頑張ってきた仕事で、人を巻き込む、人を育てる、人とともに何かをするという経験が少なかったからです。いきなり、周囲を引っ張れといわれても、経験が少なすぎて、自信がない。そうした不安がベースにあるので、周囲が思うように動いてくれない、バブル世代がしっかりしない、後輩もすぐに答えを求めて考えようとしないと思うと、ますます苛立ってしまう。

ゆとり教育世代も不安を抱えて育ってきた世代です。周囲から外される、自分の居場所を失う不安感を抱えている。だから、ちょっとした指摘を深刻に受け止めて、落ち込んでしまったり、それこそ自分はもうここではやっていけないと思う人まで出てしまう。あるいは、自分らしさが大事とマイペースを貫き、周囲もどう接していいかわからなくなるような人も出てきます。

それぞれの世代が、自分の良い面よりも足りない面を指摘され、追い込まれていると感じているのです。

世代間ギャップを活かす仕組みを考える

ここで改めて考えなければならないのは、それぞれの世代、それぞれの人材の良さを活かす経営、マネジメントに転換できないのかということです。

シニア世代が身につけてきた、仕事への真摯な姿勢、こだわり、押さえどころを、私たちは再度学ぶ必要はないのでしょうか。言語化できない暗黙知も多くあると思いますが、ともに働く中で、仕事をする上で大切にしなければならない考え方、姿勢、思いを伝えていく、共有していくことはできないのでしょうか。

お祭り気分で、どこかノリだけのように思われてしまうバブル世代。でも、頼られたら喜んで応えようとするし、問題があったら親身になってくれる。みんなで何かをやろうということになったら、それこそ労を惜しまずみんなのために頑張れる。職場の一体感を肌で感じた最後の世代です。みんなを支え、職場を盛り上げながら、楽しく仕事をしていく姿勢をみんなに広めていく役割を担えないのでしょうか。

就職氷河期世代は、もっとも厳しい現実と向き合い、社会の不条理を感じながらも、自分の成長に向けて頑張ってきた世代です。彼らの抱いた社会への怒り、やりきれない思いを、これからの未来を切り拓く力に変えることはできないでしょうか。彼らの高い自己意識が、みんなを強く引っ張る力に変えることはできないでしょうか。

ゆとり世代にも、他の世代とは違う良さがあります。一つ目は、心の中に強い社会性、誰かのためにという思いを持っている人が実に多くいるということ。企業社会の変容を目の当たりにして、より、生きるとは何か、社会の幸せとは何かを考えて育ったように思います。だから意味のあることをしたい、意味を考えたい。こうした意味を突き詰める姿勢をどう活かせばいいのか。二つ目は、バブル世代とは違う、人とつながる力があります。もしかしたら浅く広い関係かもしれませんが、いろいろな人と自然とつながる力がありま す。ゆるやかなネットワークをつくりながら、いざというときには人をつなげて、動きをつくり出すこともできる。

こう考えたときに、**逆にそれぞれの力を活かし合えば、もっと良い仕事の仕方ができる**

互いの良さを活かし合う世代間関係

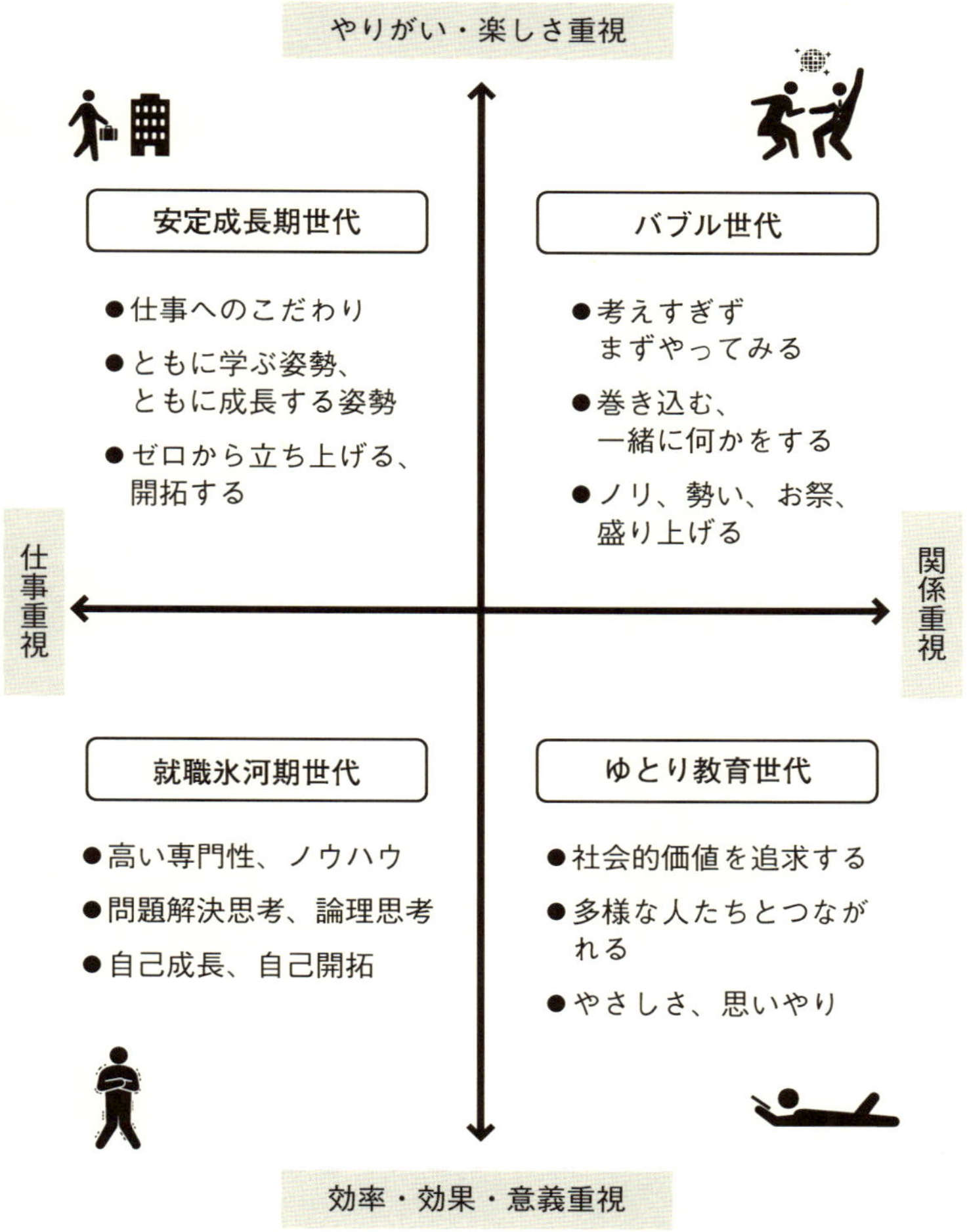
やりがい・楽しさ重視
安定成長期世代
●仕事へのこだわり
●ともに学ぶ姿勢、ともに成長する姿勢
●ゼロから立ち上げる、開拓する
バブル世代
●考えすぎず まずやってみる
●巻き込む、一緒に何かをする
●ノリ、勢い、お祭、盛り上げる
仕事重視
関係重視
就職氷河期世代
●高い専門性、ノウハウ
●問題解決思考、論理思考
●自己成長、自己開拓
ゆとり教育世代
●社会的価値を追求する
●多様な人たちとつながれる
●やさしさ、思いやり
効率・効果・意義重視

とは思えないでしょうか。

バブル世代が率先して、若い世代と対話する。彼らの内側にある未来への思い、これからの社会のあり方を一緒に考える。そんな思いをみんなで共有する場をつくる。就職氷河期世代がその夢を膨らませ、どうしたら現実の動きに変えられるか考える。そのために必要な知識やノウハウをいち早く身につける。

バブル世代の濃いつながりと、ゆとり世代の広いつながりを活かして、ビジネスの形に仕上げていく。

世代別の研修を行うと、本当に各世代が抱える不安が明確に出てきます。みんなが同じ壁にぶつかって悩んでいることがわかります。

特にシニア世代、バブル世代は、これからの一〇年、一五年の自分の生き方が問われています。それを正面から受け止めつつも、互いの良さを理解し合い、その中で自分たちだからこそできることを考えると、自分の内側にある仕事への思い、仲間への思い、会社への思いが湧き出てくる人が出てきます。そこで見えてきた思いを職場に持ち帰り、互いの力をもっと活かし合う方法を考える。

これが、組織を未来に進める第一歩になっていきます。

雇用形態、勤務形態から生まれるギャップ

世代間のギャップと同じように、もう一つ大きなギャップがあります。雇用形態、勤務形態の違いから来る問題です。

雇用形態の違いは、どこかで心理的な壁をつくります。特に業務請負となると、同じ職場で働きながらも、直接、個々人に指示を出せないという難しい問題も出てきます。

派遣社員の人は、周囲からは、自分の役割はここまでだと割り切って働いている人だと思われ、気を遣われる存在になっている。派遣社員の人から見ても、会議は出られないし、大切な情報は回ってこないし、自分たちは同じ職場の仲間とは思ってもらえないと感じてしまう。これがますます互いの距離を広げてしまうのです。

また、産休明けで時短勤務をすることも当たり前になってきている中で、なぜ、あの人だけが早く帰るのか、子どもがいるからといって優遇するのはおかしいのではないか。そんな不満を抱いてしまう人も出てきます。

確かに、その人の仕事量をフルタイムで勤務している人がカバーしているかもしれないし、早く帰らねばならない事情があったとしてもそれを当たり前の権利のように振る舞っ

て、周囲に一言もなくいそいそと帰られてしまうと、不平不満が出るのもよくわかります。でも、ここで考えてみてください。**役割や働き方が違っても、同じ仕事をしていく仲間**です。大事な情報はシェアすべきですし、仕事への思い、顧客の声、成果を見極める大事な指標などは、しっかりと共有すべきです。

何のためにこの仕事をしていくのか、その先に誰がいるのか、その人たちに何を提供していくのか。そのために、協力してほしい、ともに働いてほしいという気持ちはシェアすべきだと思います。

同時に、ここまで紹介してきたような方法で、互いのことを知る場、仲間として信頼関係をつくる取り組みは、ぜひ、行ってみてください。そうすれば、役割や立場は違っても、お互いを一人の人間として認め合える、敬意を持てる何かが見つかる。人柄、責任感、生き方、考え方、思いやり……。そうしたものが、役割や立場を越えてシェアされると、それが、互いを活かし、互いを支え合う関係へとつながっていきます。

急に子育て、介護、自分自身の健康上の問題で、フルに働けなくなる時期がくるかもしれません。それでも、誰かの役に立ちたい、必要だと思ってほしい。そんな気持ちで働き続けられたら、きっと前向きに頑張れる。**自分の未来のためにも、今ともに働いている仲間を大事にしてほしい**と思います。ともに働くすべての人たちが、仲間の大切さ、働く喜びを感じてくれる。そんな関係に変えていけないか、考えてみなければなりません。

思いを持ち寄り、心のフタを開けよう

こうした多様な人材をつなぐ新たな働き方へと進化するために、会社として未来の働き方、仕事の仕方へのメッセージを出していくことが必要です。

自分たちがこれからの環境変化の中でどう生きていきたいのか、そのとき何にこだわり、何を追求していくのか。

ジェイフィールでは、さまざまな形で、理念やＷＡＹ（自分たちらしい考え方、価値観、行動の仕方を表現したもの）を映像化し、仕事や会社への思いを取り戻す、新たにつくるというプロジェクトを支援してきました。

役員クラスや部長クラスがこれまでの経験と未来への思いを持ち寄って、自分たちがここまで大切にしてきたこと、これからも大切にしてほしいことを言語化してみる。

次世代をリードする中堅社員が、自分たちの未来への思いを持ち寄り、これからの自分たちのあり方、生き方をみんなに問いかける映像をつくる。

若手社員が入社してから見えてきた、この会社の良さ、この会社で働く意義を等身大で

表現し、これから入ってくる後輩たちにメッセージを伝えようという研修（「会社惚れ直し研修」と呼んでいます）を実施してみる。

世代を超えたすべての社員が集まり、みんなで思いを持ち寄り、自分たちの理念やWAYを一緒につくろうという大セッションを行ってみる。

いろいろな経験、思いを持つ人たちが、一緒に仕事への思い、未来への思いを語り合う場、機会をつくり、それを文字や絵、映像として形にしていく。このプロセスは、一人ひとりが会社や仕事、未来と向き合う大切な機会になっています。

こうして作成した映像や成果物は、人の心を動かす大きな力を持っています。

特に若手社員がつくった等身大の思いを描いた映像は、経営陣や管理職には新鮮で、かつ彼らの純粋な思いを受け止める良い機会になっていきます。おとなしい、何を考えているかよくわからない若手社員が、実は心の中に強い思いと素直な感情を秘めていたことがわかり、経営陣や管理職たちが笑顔になっていく姿を見ることも多々あります。

大切なのは、このプロジェクトに参加する人だけが思いを重ねるのではなく、近くの人たちに、さらにはともに働く仲間たちすべてに、この思いを伝え、互いの思いを重ね合わせ、思いの連鎖を起こしていくことです。

実際に、その映像を社員全員にみんなで見てもらうイベントも行うと、会場全体に大きな感情の連鎖が起きていきます。涙を流す人、言葉が出ないくらい感動している人も出てきます。そのあと、感想も含めて対話をすると、こんな言葉が出てきます。

「仕事への思いを取り戻せた。自分の中に仕事への思いが残っていることに気づけた」

「もう一度、この仕事、この会社と真剣に向き合いたいと思った」

「正直、今の職場は大切なものを失っている。でも、それを変えたいと思えた」

本当はみんな、仕事への強い思いを持っています。でも傷つかずに生きる術として、それを心の奥底にしまい込み、フタをしてしまったという人が実に多くいるのです。

みんなでそろそろそのフタを開けて、奥にしまったものを取り出してみましょう。そうすればきっと、みんなの思いが実は重なっていたことに気づけるはずです。

これが仕事を大きく革新させる原動力になり、未来革新につながっていくのです。

組織革新に取り組む企業に学ぶ 2

「シニア世代の活躍促進はどうやって実現したのか？」

トヨタファイナンス株式会社

シニア世代の活性化は、多くの企業で重要な経営課題となっています。雇用が原則六五歳までになった今、現状の五〇代の人たちの活性化を図らなくては、という現実問題と同時に、その下の四〇代半ばの層、いわゆるバブル期に大量採用された世代への対策と相まって、課題感は大きくなっています。ここでは、会社全体で中高齢者の活躍促進を実現してきた事例を紹介しつつ、変革のポイントについて見ていきます。

トヨタファイナンス株式会社（以下、ＴＦＣと略す）は、自動車ローン、クレジットカードをはじめとする金融商品を国内の一般ユーザー、トヨタグループ、販売店に提供している会社です。

この取り組みを始めて一年経った時点（二〇一四年）で、上司との対話がなされて具体的に役割や行動が変わってきている人が六〇％と、とても大きな変化が生まれています。じっくりと時間をかけて取り組む中で大きな変化が起こり、定着していきました。しかし、この一連の取り組みを見ると、特定の世代に対する対応策ではなく、一人ひとりが組織の中で活躍していくためのエッセンスが詰まっています。

注▽TFCが対象としたのは、基幹職（S）と呼ばれる、部下を持たない管理職の人たちです。年齢は、三〇代後半から五〇代後半と広範囲にわたっています。ここでは、便宜上、「シニア世代の活躍促進」という言葉を使っていますが、TFC社内では「基幹職（S）パワーアップワークショップ」と名づけています。シニアという言い方をしません。対象層の設定やネーミングにも、会社の意図が込められていることを感じていただけると思います。

◉まずは上司の意識変革から

この取り組みは、一泊二日のワークショップを境にして、三つのフェーズに分けられます。最初は、ワークショップが始まるまでの上司の意識変革、二つ目がシニアが参加したワークショップ、そして最後がワークショップ後のフォローの段階です。

TFCでは、シニアの活躍促進をシニアの問題としてとらえず、職場の問題としてとらえました。**シニアの意識だけでなく、職場での会話を変えていかないと、シニアの行動まで変えることはできない**と考えたのです。まず、部長全員を集めた場で、社長自らが直接語りかけました。

「当社の憲法ともいえる『人材マネジメント方針＝人を大切にする』は、シニアも例外ではない。それぞれの人には、その人だけが持つ天賦の才能がある。人はそれぞれ、自分の才能を発揮しようとすることが求められるが、職場における管理職はそれをうまく活用する責任がある。あなたたちは、そのことから逃げてはいけない」

社長の強い思いを受けた部長たちは、各部署でワークショップに参加するシニアを集めて、彼らへの期待とワークショップの狙いをそれぞれの言葉で伝えました。この効果は絶大でした。実際、ワークショップに参加したシニアの意識はとても前向きで、積極的な姿勢は、私たちの想定を超えていました。

しかし、部長の意識変革にも積み重ねがありました。前年、数回にわたって、部長研修を行っていたのです。テーマは、人材マネジメント方針に沿った「人が育つ組織づくり」。根幹となったのは**「なぜ人を大切にするのか」**、そして**「人を大切にすることは、どう部門の競争力に結びつくのか」**の二点です。

最初の問いは、企業理念として「そもそも人は絶対的に大切にされるべき存在」だからという思想を共有することでした。人を大切にするとは、優しく甘やかすことではなく、社員一人ひとりの資質を最大限に活かすことです。

社員には自分の活かし方を考え自ら行動を起こすことが、マネジャーにはメンバーをどう活かすかを考え実践することが求められるという厳しさがあります。

二つ目の問いは、部門の責任者として、どうすれば個々の頑張りや活躍が、競争力に結びつくのかというマネジメントに関する投げかけです。ただ成長する、ただ能力を発揮するだけではダメで、どういう方向を目指し、どういう力をつけるかを部長として見通しておくということです。

こうした積み重ねの上に、社長メッセージを受け止めた部長たちが、シニアの活躍促進の取り組みを回し始めました。

◉意識変革①「仕事に対する姿勢を見つめる」

二日間のワークショップでは、シニアが自分のキャリアを振り返りました。五〇歳の人は、約三〇年の自分の一年一年を振り返ることになります。たっぷり二時間ほど、静かに誰とも話すこともなく、自分に向き合う。当初、そんな昔のことを思い出せないよ、という声も多かったのですが、振り返りを終えると、こんな声が出てきました。

「若い頃は、一年一年、何をやったのか、鮮明に思い出せる。でも、最近の数年間は、何をやっていたのかまったく思い出せない」

「過去の蓄積で、今の仕事を流していることに気づいた」

「今の自分は、若い頃の自分に負けている」

シニアという年齢になったとき、仕事に向かう姿勢は、ばらつきが大きくなり、前向きでなくなっている人も少なくありません。しかし、自分がどういう姿勢で日々の仕事に取り組んでいるか、案外見えていないものです。覚悟を決めて、自分を見つめることで、仕事に対する姿勢を呼び起こします。

「人、仕事、それぞれのつながりを改めて考えた」

「いらないこと、余計なことをずいぶんとやっていることに気づいた」

「仕事があることへの感謝の気持ちを忘れていた」

「チャレンジする場、機会のありがたさを感じた」

同時に自分が大切にしていた仕事に対する価値観も、過去の成功体験とともに呼び起こします。事業の創成期・成長期に自分が大切にしてきたものも言葉に表してみます。

こうして、これからの自分を成長させる仕事への動機と、持っている能力や可能性、価値観を再び取り戻します。

◉意識変革②「新しい貢献の仕方を考える」

しかし、自分の中の力と姿勢を取り戻しても、持っているエネルギーをどこに向けたらいいかわからないままになっている人も少なくありません。特に、ラインマネジメントのポストを役職定年で明け渡した人や、キャリアの後半になって意に沿わぬ異動をした人の場合は顕著です。それぞれの声を拾ってみましょう。

「自分は役職定年になったからといって、不安になるとは思ってもみなかった。でも、実際に役割が変わると、仕事が手につかない。どんどん焦りが出てくる。こんな経験は初めてだった」

「以前は、一日に一〇〇通以上のメールが来て、大変だった。でも、基幹職（S）になったら、途端に、一日一〇通しかメールが来なくなった。**自分の実力で仕事が回っていると思っていたが、役割が変わると自分に何も残っていない気がした。**この恐怖感は想像を超えていた」

「今日中に何かを仕上げなければならないわけでもなく、毎日定時で帰る日が続いた。一度、力が抜けると、もうどうやって力を入れたらいいのか、自分でもわからなくなった」

責任ある役割を付与されて、それに応えることでやりがいと達成感を得てきた人たちにとって、新たな役割を認識するのは容易ではありません。これまでは責任（たとえば部門の数字目標）を果たすことで高く評価もされてきたのに、新たな役割で求められる責任に応えられず、その結果、評価もされなくなり、自分を見失ってしまった状態です。

状況は異なりますが、キャリアの後半になって意に沿わぬ（たとえば専門外への）異動をした人も、同じように不安と戸惑いを抱えています。

「異動によって専門が活かせないところに来てしまった。何もできないという衝撃は強く、やり方もわからず、どうしていいかわからなかった」

「仕事で頑張るのは自分が評価されるためだと思っていたので、評価されない場所に来てしまうと何をしていいかわからなかった」

「自分はこうあるべきだというレッテルを、知らないうちに自分自身に貼っていた」

こうした不安と焦りを抱えたシニアたちは、どうやって自分に向き合い、もう一度仕事に取り組む姿勢を取り戻したのでしょうか。

不安は、確かなものが得られないときに湧き起こってきます。今、自分に何が求められているか、自分が存在することの意味が見えない状態に陥っているのです。

焦りは、実現すべきことが達成できていないときに生まれます。自分は組織に貢献できる実力があるのに、それができていないというジレンマを感じているのです。何とかしなくては、というざわざわとした気持ちが焦燥感となって襲ってきます。

こうした不安や焦りがあることを認めた上で、どういう存在になるかを改めて考える場が、ワークショップでした。**置かれている環境と、そこでの自分の行動ぶり、貢献度合い**

を冷静に受け止めるのです。

人事部はまず、独りよがりの考えに陥らないように、会社としてシニアにどういう存在であってほしいかという役割期待を明示しました。

- 自分を律し、さらに成長する意思を持ってほしい
- スペシャリストとして「個の強み」を発揮し成果につなげてほしい
- 豊富な経験と能力を活かし、組織課題解決につながるような仕事を担ってほしい

さらに、直属上司の部長が、彼らに対する具体的な役割期待と達成してほしいことをフィードバックシートに文章として表し、ワークショップの場で渡しました。直属上司からのフィードバックシートは、Ａ４サイズの用紙で一枚だったのですが、皆、本当に時間をかけてじっくりと、何度も読み込んでいました。

自分に何が求められているのか、今、どれだけ組織に貢献できているのか、まっさらな気持ちで受け止めます。文字面だけでなく、そこに込められた上司や会社の期待、あるいは叱咤激励というものを自分の中に昇華していきます。

一人ひとりがしっかりと現実を受け入れることができたのは、自分にもまだ期待されていることがあると実感できたからです。

◉意識変革③「自分の心の壁に気づく」

ワークショップでは丸一日かけて、ここまでご紹介した自分を客観視するプロセスを行います。前向きな姿勢と明るさが漂うのですが、実は、この先に大きなハードルが待ち受けています。自分の力に確信を持ち、やるべきことが明確になったら、あとはやるだけです。しかし、現実はそう簡単ではありません。

いざ、職場に戻ったとき、頭で考えた通りに行動できるのか。そこには目に見えない壁があります。「心の壁」とも呼ぶべき、期待行動を阻害するものが現実に存在します。

「自分はできる。若い人に教えを乞う必要なんかない」
「自分はもっと評価されるべきだ」
「マネジャーはここまでちゃんとやるべきだ」

悲しいかな、実力と経験があるだけに、職場の現実を肯定することができにくくなるのです。その結果、自分のあり方も不自由なものにしてしまい、本当はこうありたいという自分の行動を阻害してしまいます。

心の壁は、自分の中のエゴであったり、弱みであったりするので、直視することがとても難しいものです。思わず逃げたくなりますし、実際、これまでの人生の中でも見えないふりをしてやり過ごしていたところでもあります。では、どうしてワークショップで直視することができたのでしょうか。

それはやはり仲間の存在です。同じような経験を持つ同世代の仲間が、同時にそれぞれの壁に向かい合おうとしている、その緊張感と成長への藻掻《もが》きがひしひしと感じられることで可能になりました。

たとえば、こんなやり取りがありました。

「自分の壁を見つめていると、どんどんイヤな自分が出てきちゃいました。ちょっと人にはいえないんですが……」

困惑する私に、彼はこう続けました。

「同じグループの人には話せます。でもそれ以外の人には話さなくてもいいですか。恥ずかしくて……」

「もちろん、いいですよ。人に話すことが目的じゃないですから。でも、思いがけない自分が出てきて良かったですね。私は近づきませんから、グループの人にじっくり聞いてもらってください」そう答えました。

人にいえないほど、恥ずかしい自分に気づいた。しかも、それを仲間に自己開示できることが素晴らしいことだと思いました。**壁に気づいて自己開示できるときには、すでにそ**

の壁を乗り越えつつあります。

◉職場での関係性が変わり、行動が変わる

いよいよ、総仕上げとなる職場での実践です。まず、直属上司とワークショップを終えたシニアがしっかりと話し合うことの重要性を伝えました。ワークショップでのシニアの変貌ぶりは大きなものだったので、人事も職場でどんな話し合いがなされたのか、楽しみにしつつ現場にヒアリングに行きました。

すると、思ったよりも、対話が進んでいない、しっかりと話し合われていないことがわかりました。人事の担当者は、ワークショップで灯された火を消さないように、丹念に現場を回っていきました。

「本当に人事がここまでフォローするとは思わなかった」という声に象徴されるように、**人事部の本気のサポートが、シニアたちの前進を後押ししました。**

さらに、当初は予定していなかったフォローのワークショップも二度、開催しました。シニアが職場でそれぞれ頑張っている姿を見て、その頑張りを孤独なものにすることなく、つながりを持って支え合いながら促進しようとしたのです。

この二回のフォローのワークショップは、シニアだけでなく上司も一緒に参加しました。

改めて上司とじっくりと対話してみると、ワークショップで見つめた心の壁の認識が、まだまだ甘いことがわかってきました。そして、もう一段、二段、深いところまで掘り進めていきました。実際に彼らが到達した「自分の心の壁」を見てみましょう。

「自分はできると思っている。自信が過信となって異なる意見を受け入れず、攻撃的になる。攻撃で相手を論破することでさらに過信が強固になっていく」

「周囲に対して積極的な行動をとっているが、根は自分が評価されるため。自分の評価につながるつながらないで、行動力の落差が激しい」

「自分に対する自信のなさ。長年、希望するマネジャーになれず、自分は評価されないいんだというあきらめがあり、それが積極的な行動を阻んでいる」

こうして自分に向き合いつつ、前を向くシニアを、職場は離れていても互いの頑張りを刺激や励みにして切磋琢磨していくことを、組織として進めました。会社の期待値を多くの人が達成することを目指し続けています。

その結果、冒頭でご紹介したように六割のシニアに役割・行動の変化が生まれています。シニアの活躍は、シニアだけでなく、シニアを支援する立場の上司や、職場の同僚にとっても意味があります。とりわけ、**今後シニアになっていく中堅社員にとって、キャリアの一つのイメージとして現実のモデルは重要**です。

実際に社内での従業員意識調査やインタビューで、中堅社員からシニア活躍促進に対する好意的なコメントが多く出てきたそうです。中堅社員は、同じ職場に活躍できていないシニアがいると、批判的な目で見ると同時に、いつか自分もああなってしまうのでは、という漠然とした不安な気持ちも湧き起こってくるのでしょう。

今回の取り組みは、シニア自身の意識変革が中心でしたが、上司からの動機づけ、上司との対話という職場での関係性再構築なしには進みませんでした。その上司・シニアの関係性も、人事の手厚いサポートを必要としていましたし、トータルで一年ほどの時間を費やしました。

ＴＦＣでは、シニアの取り組みから遡ること三年。組織運営の根幹となる「人材マネジメント方針」を定めてから、人事制度改定、役員オフサイトミーティング、マネジメント徹底強化、主体的に働く人づくり、職場の風土変革、女性の活躍促進の取り組みなど、企業文化そのものを変えていく一連の取り組みを行ってきました。

そこに貫かれていたのは、**「組織が変わるためには、一人ひとりのマインドが、自らの気づきによって変わることに尽きる」**という信念です。自らがマインドを変えてもらう取り組みは、「○○しましょう」という行動規範を指し示すこととは異なります。

一つひとつの取り組みの中で、行動の前提となる価値観を共有することに時間をかけ、心に訴えると同時に、自分に向き合うことのできる優しさと厳しさの漂う環境づくりを行ってきました。

こうした取り組みに全社をあげて、時間をかけていく中で、組織のあちこちで変化が見られました。**変化だけでなく、変化しようともがいている人たちもたくさん現れました。**だからこそ、シニアもマインドが徐々にオープンになり、自分たちも環境変化に合わせて変わっていこうと思い始めたのです。

ここでご紹介したシニアの取り組みは、こうした土台の上に構築されたものだということを最後に強調しておきます。単に優れた取り組みが行われたのではなく、地道な取り組みを線としてつなげ、さらに面に広げ、組織全体で仕事革新、組織革新を起こしていった事例です。

組織革新に取り組む企業に学ぶ 3

「仕事への思いの連鎖をつくる」

テルモ株式会社

今、多くの人たちが目先の成果や日々の業務に追われ、仕事への思い、働く喜びが見いだせなくなっています。自分たちは何のために働いているのか、自分たちがやっていることにどんな意味があるのか。最初はこんな風に悩んでいても、やがてそんな疑問を持つこともできなくなり、仕事への前向きさも失っていく。

こうした状況に陥らないように、みんなが思いを持って仕事ができる集団であり続けるために、自分たちの今を問い直し、大切にしたいことをしっかりと共有したい。そんな取り組みを行ったのが、医療機器メーカーであるテルモの生産部門です。

彼らの取り組みは、仕事の原点を再確認するだけでなく、仕事への思いの連鎖を起こしていきました。こういった連鎖の背景には何があったのでしょうか。

◉一本のムービーが共感の連鎖を起こした

二〇一三年秋、テルモの生産部門の人たちの前であるムービーが上映されました。最初は、ＴＩＭ大会（生産部門の人たちが集まる年に一度開催される成果発表の場）というイベントの中で、次に各工場の全体朝礼の場で。イベントにも朝礼にも出られなかった人（夜勤勤務）は、そのシフトの人たちを集めて会議室で。一〇分ちょっとの映像ですが、その映像は、見た人たちの心を揺さぶりました。

「言葉には言い表せない、何かジーンと来るものがありました。自分たちの仕事の素晴らしさを再確認できたように思います」

「私は、感動しすぎて、号泣してしまいました。本当に私たちは、『かけがえのない命と笑顔』のために頑張っているんだと改めて思いました」

ムービーは生産部門の全社員に見てもらおうと、つくられたものでしたが、多くの人から「家族にも見せたい」という要望が寄せられ、急遽、全社員にＤＶＤが配られました。

「もちろん、家族と一緒に見ましたよ。結構、自慢気にお父さんの会社はこういう会社だよって、息子、娘、嫁に見せました。嫁は僕と同じように感動して、横で涙ぐんでいました。『いい会社だね』っていってもらいました」

さらには、親に見せた人もいました。

「私の両親に見てもらいました。前から『いい会社に入ったね』とはいわれていましたが、『やっぱり違うね。人のためになる会社だね』と改めていわれました」

社員だけでなく、協力会社の方にも見てもらう動きも生まれ、そこでは、工場長もプレゼンテーションを行って、理解を深めてもらいました。協力会社の方も「教育として、新しく入る人には全員見てもらいたい」と話されたそうです。企業や雇用形態を超えて、同じ職場で働く人が心を一つにしていく瞬間です。

自分が心底、感動すると、これを誰かに伝えたいという衝動が生まれてきます。感動を分かち合いたいという気持ちと、少し自慢したいという気持ちが入り混じった感情が生まれているのでしょう。

こうして、**この会社に集い、働く意味を実感するということが、ＤＶＤを回し見するだけでどんどんと広がっていった**のです。

では、ムービーを見た人たちの心に届いたＤＶＤとはどのようなもので、誰がどういう意図でつくったものなのでしょうか。

◉自分たちの本当の価値とは

テルモ株式会社は、一九二一年（大正一〇年）、北里柴三郎博士をはじめとする医師らが発起人となって、国産の体温計を製造しようと設立された会社です。以来、一〇〇年近く医療機器を医療機関と一般消費者に提供しています。設立当社の体温計も生産し続けていますが、今は注射器やカテーテル（血管などに挿入して薬や造影剤などを送り込むとても細い管のこと）などが主力製品で、世界トップシェアを誇る分野がいくつもあります。
工場の人たちが見たムービーは、国内工場長が集まってつくったものです。彼らの思いを文章と写真と音楽と手紙で綴りました。伝えたいメッセージを一〇分ほどの映像に込めました。

どの会社も同じですが、生産部門の未来はどうなるのか、不安を抱えている人が多くいます。海外展開も加速し、自分たちの役割もどう変わらなければならないのか、組織のあり方もどう変化していくのか。

でも、**どういう変化が起ころうと、自分たちが大切にしなければならないものがあるのではないか。自分たちらしいモノづくりへの思い、姿勢があるのではないか。それをみんなで共有しよう。**そんな思いを受けて、ジェイフィールで行っている理念・ＷＡＹ共有プロジェクトの手法をベースに、このプロジェクトがスタートしました。

二〇一三年八月、生産統轄部を預かる赤池義明上席執行役員と国内全工場長六名を中心とした幹部一二名で、全五回のワークショップはスタートしました。

最初に、自分たちの思いを込めた仕事経験を持ち寄りました。お互いをよく知り、自分たちの中にある仕事への思いを引き出す作業です。次に、未来の可能性を検討します。起こりうるリスクを可能性に変えられないのか。自分たちはこれからの未来をどういうものにしたいのかを考えます。その上で、現場の若手とも対話し、彼らの思いと不安を受け止めようという話し合いも行いました。

特にこの三回目は大きな意味を持ちました。自分たちの思い、未来の可能性は見えても、本当に社員はそこに共感してくれるのだろうか。現場の今の生の声を集め、彼らの背景にある不安、問題意識をみんなで探りながら、改めてみんなの心に届くメッセージが何かを議論したのです。

ここまでの三回の議論を通じて、自分たちの過去、未来、今をたどっていきました。そこに貫かれているものは何なのか。これが、自分たちがこれまでも、これからも大切にしたいと心から思う考え方、心の持ちよう、姿勢というものでした。

チームごとにこの思いを言語化し、プレゼン資料にしよう。

でも、ここで本当に心に届く言葉、メッセージを見つけるのは簡単なことではありません。**お互いの意見をぶつけ合い、融合し、何度も試行錯誤しながら、みんなの思いを言語化していった**のです。

プロジェクト事務局の中心となった繁田一伸さんは、ことあるごとに「このムービーに私たちの思いをすべて注ぎ込むんです」と、熱い思いを語ってくれました。これからどんな変化があっても、自分たちはいい仕事をしていく、さらに進化していく。そんな強い意志が、このプロジェクトを力強く推し進めていったのです。

そして、最終的に「大切にしたいもの」として収斂した言葉は、①挑戦する、②とことんやる、③楽しむ、という三つの言葉でした。

同時に、これからの環境変化を考えたとき、今以上に強化しなくてはならないものについても、議論を重ねました。これまでももちろん持っていたけれど、今後は常に意識して、強めていくべきこと。それは、④もっともっと連携する、でした。

言葉自体は一般的な用語かもしれません。しかし、その裏には、先輩たちの強い思いのこもった数々の仕事がある。そんなテルモらしい仕事のエピソード、物語とともに、この言葉の意味、メッセージを伝えていく。そんなムービーに、最後は仕上げていきました。

技術的には困難といわれたチャレンジが、一人の難病の少女の命を救ったこと、東日本大震災のときに「医療を止めない」を合言葉に全社員が出荷することに全力で協力し合ったこと、そして彼らの製品で元気になった子どもからもらった手紙……。これらの物語の中に、自分たちの仕事への思いが詰まっていました。この映像が、思いの連鎖を引き起こしていったのです。

◉合言葉を持つ組織は強い

この映像を見たことで、工場で働くみんなの中に共通の思い、共通の言葉が持てるようになってきたといいます。

「仕事をしている中で、キーワードはふと出るようになったと思います。何かの話をしていると、『やっぱり連携しなきゃね』っていうようなことが時々に出てきて、DVDのことを思い出して仕事をするようになりました」

「『かけがえのない命と笑顔のために』。このフレーズを自分の席の後ろのホワイトボードに大きな文字で書いています。実際にはつらかったり、いろいろぶつかるじゃないですか。そんなときに、この言葉を見ると、自然と笑顔になれるんです」

「今の仕事に誇りを持ってやろうと思えるようになりました。周囲の人たちも、チャレンジしようとか、連携しなければということを意識し始めていると思います」

一人だけが頑張ろうとするのは長続きしません。しかし、他の人も同じように頑張っていると思えば自分も頑張れるし、助けを求めても援助してくれるだろうと期待することもできます。

こうした**気持ちと行動の変化は、徐々に組織の成果にもつながっていきました。**

「うちではTPM活動（注：Total Productive Maintenance 活動の略。設備保全を中心にした生産効率化運動）をサークル単位でやっていますが、目標に対しての行動が、以前より意欲的で、スピードを持ってやれるようになりました」

「総務課に所属しています。他工場の総務課と連携を取って情報収集して、帳票や手続きなど統一できるものは統一して効率化を図るようになりました」

◉感動から始まった未来

この事例を一見すると、感動的なムービーができてよかったという言葉で片づけられがちですが、そうではありません。組織の強みを維持し、さらに強化しようという長期的な視点での変革の第一章が幕を開けたのです。

ジェイフィールでは、**「人の行動を変えるためには、意識を変える必要があり、意識を変えるには感情を変えることが有効だ」**と考えています。この進め方を「感情エンジニアリング」と呼び、次の四つのステップで進めていきます。

①心の扉を開く

②共感し合う

③理と結ぶ

④行動を決意する

最初のステップ「心の扉を開く」、第二のステップ「共感し合う」がムービーを視聴することで実現しました。できる限り多くの人が集まる場で披露することが効果的です。

ただ、ここで終わったら思いの連鎖は起こりません。大切なのは、各人が自分の思いと重ねることです。映像を見終わったあとに、互いに感じたことを語り合い、自分の中にある経験と結びつけていくことが重要です。

お互いにどんなことを感じたのか、どのポイントで心を揺さぶられたのかを、感じたまま交流する。同じポイントで同じように感じた人がたくさんいることを知り、共感の輪が広がります。

同時に、「感動した」といっても、人によって感じるところも感じ方も微妙に異なっていることもわかってきます。それは各人が、自分の経験と思いと重ね合わせていくからです。

このムービーのお披露目だったＴＩＭ大会のときもそうでした。会場には、海外工場の方も含めて二〇〇名ほどの方が集まっていました。視聴後、少人数に分かれて、感想をシェアすると、どの分科会でも「感動」「感動」の言葉があふれ返っていました。同時に、それぞれの立場や仕事内容によって、グサリと来た場面が、結構異なっていることに驚きました。そして、改めて自分の仕事の原点や目的を深く心に刻みました。

ただ情緒的に感動するだけではなく、ムービーで訴えている内容が、なぜ大切なのかを頭で理解することも大切です。TIM大会では、ムービーを二つに分けて、間に工場長たちのプレゼンテーションを行いました。

「これまでテルモのモノづくりを支えてきたものは何か」

「私たちの社会的使命は何か」を、工場長たちは改めて事例を交えながら訴えました。そして、これからについて語りかけました。

「今後の環境変化の中で、なぜ、連携強化をしないといけないのか」

「連携は今後の課題ではあるが、すでに私たちの中にはその力はある。そのことを意識し合って互いに働きかければ、それは可能である」

ただ単に「もっともっと連携」しよう、というのではなく、どういう環境変化や技術変化が起こるのかを、具体的な事例を交えて、解説を加えます。「連携強化」なしには、自分たちの強みが維持できないということを情緒的ではなく、しっかりと事実を示しつつ伝えたのです。これが第三のステップ「理と結ぶ」ということです。

そして、第四のステップ「行動を決意する」へ移っていきます。

テルモの場合、大きな感動が起こったので、一人ひとりがいわれるまでもなく、行動を起こしています。そして、それが周囲に連鎖反応を起こしています。しかし、組織を大きく動かすには、ここでも**組織的な場を設定して、「行動を決意する」ことが重要**です。

テルモでは、この後、全中堅社員を集めて、それぞれの立場で何に取り組んでいくのか、組織として行動化を促す取り組みをしています。こうして工場長たちの、危機感から来る熱い思いと期待は、組織全体に少しずつ着実に広がりつつあります。

仕事革新の推進力になるのは、仕事への強い思いです。この思いが組織全体に広がったとき、組織全体が未来への扉を開こうと前に進み始めるのです。

第6章

【ステップ3】

未来革新~夢や志を持って、未来を拓く

未来を革新するとは？

仕事革新を通じて、働く喜び、仕事への思いを取り戻すことができたら、次にチャレンジしたいのは、その思いを未来の仕事、事業に結びつけていくことです。仕事だけではなく、自分たちがやっていること、これからやろうとしていることに、夢や志を持って突き進んでいけるように、未来志向というマインドを組織の中に広げていくことです。

これが最後の革新、すなわち未来革新です。

未来革新という言葉は、日本語の用法としては適切ではないかもしれません。未来はまだ来ていない、これから来るものです。だから、未来創造という言葉はあっても、今ある何かを改めるという意味は当てはまらないように感じます。

でも、**今、多くの企業の中で起きているのは、未来志向というマインドの欠乏**です。未来に夢や期待が持てない、未来に良いイメージが持てない、未来を予測することもできない。未来を決める変数が多すぎる。だから、未来を考えることよりも今をこなすことのほうが現実的で、生産的だと思う。

こう思って、未来への思い持つこと、未来に向けてみんなで行動を起こすことをあきらめてしまった人たちがたくさんいます。

そうした「夢や思いを見いだせない未来」「閉塞感から抜け出せない未来」から「夢や希望、思いが詰まった未来」へと変えることを、本書では未来革新と呼びたいと思います。

ではどうしたら、そうした未来を見いだし、そこに自分から喜んで飛び込んでいけるようになるのでしょうか。次の六つの取り組みを考えてみてください。

①組織感度を高める
②不安を希望に変える
③自分たちの価値を問い直す
④究極の世界を描く
⑤未来をつくる仕組みに変える
⑥合言葉のパワーが文化をつくる

この六つの取り組みについて、どのような考え方に基づき、どのような取り組みを行ったらいいのか、具体的に考えていきます。

組織感度を高める

まず考えたいのは、みんなで外の世界に目を向ける、外の変化を取り込めるようになるにはどうしたらよいかということです。

自分たちが今、やりたい、やろうとしていることが、本当に世の中にとって必要なことなのか、自分たちがやっていることは外からどう見られているのか、そういう視点で**自分たちの「今」と「思い」を客観視していく**ことが必要になります。

そのために考えたいのが、組織感度を高めることです。

最近は、会社の中期計画といってもせいぜい三年先を設定することがほとんどですが、もっと遠く、一〇年、いや三〇年先と、大きく視点を飛ばしてみることも大切です。

今から三〇年前の一九八五年は、プラザ合意が行われた年で、バブル前夜という時期です。ベルリンの壁は存在しているし、ロシアはまだソビエト連邦でペレストロイカも始まっていません。中国では、ようやく鄧小平が改革開放路線に舵を切って変貌の序章を迎えたところです。ウインドウズ95発売の一〇年前ですし、携帯電話もなく、ファミコンが一世を風靡していました。

そう考えると、この先三〇年には、もっと劇的な社会の変化がありそうです。

組織感度とは、**組織全体が世の中の変化、未来の可能性に敏感になり、そうした情報にみんなが絶えず触れ、目線を外に向ける**ということです。

こうした組織感度を上げる取り組みが、多くの企業で行われ始めています。

外部の専門家や講師を招いて、自分たちの事業や会社を巡る環境変化、未来の可能性などを投げかけるような勉強会、講習会を定期的に開いている企業もあります。

フューチャー・センターといって、専門家や顧客、地域住民、さらには取引先の人たちも招いて、テーマを決めて、未来社会のあり方を一緒に考える場を設けている企業もあります。

自分たちが異なる接点を持つことで、既存の枠組みから抜け出せない思考を突き破ろう、世の中の変化に目を向けようという試みは、すでに多くの企業で始まっているのです。

時間とコストがかかり、余裕がないといって、なかなか踏み出せない企業もありますが、工夫次第でいろいろなことが可能です。日常の中でも、みんなが外に目を向ける、感度を高める取り組みを自分たちで考えてみてください。

私が教鞭を執る大学院（東京理科大学ＭＯＴ）でもよくやっているトレーニングですが、みんながプレゼンをする前に「今週の一枚」といって、写真や動画などを持ってきます。

町で見かけた面白い看板や広告、ネットで話題になっている写真や動画、巷でいわれていることをちょっと自分で検証実験してみた、などなど。**「何だかちょっと変だぞ」「どうしてだろう」「これ面白い！」、そんな風に感じるものを探してくることを習慣化します。**

本当にみんなよく見つけてくるなというぐらい、面白いことを探してきます。ただし、目的は面白いものを見つけることではなく、自分の中にある外に向けたアンテナの感度を上げていくことです。なので、街中を歩いていても、本を読んでいても、ニュースを見ていても、ちょっとしたことが気になる、不思議だと思う。そんな気持ちが自然と持てるようになることが、大事なのです。

みんなが外の世界へのアンテナをはり、お互いがいろんな「面白い」「不思議」を持ち寄っていくと、組織全体の視野が一気に広がっていきます。

朝会で毎日一人ずつ、「今週の1枚」を紹介してみる。最初はプレッシャーですが、だんだん楽しくなってきます。そんなちょっとした取り組みから、始めてみましょう。

不安を希望に変える

次にやってみたいこと。それは、可能性を探究するということです。

世の中の変化を上げていくと、きりがないぐらい、いろいろな変化が想定されます。でもその中には、将来を悲観してしまうような、不安を助長するような変化も数多くあります。**それを脅威やリスクとしてとらえるのではなく、可能性に変えてみる。**そんなアプローチができないか、みんなで考えてみてほしいのです。

高齢化、少子化、晩婚化が、単身者世帯を増加させていく。医療の進化は長寿化を促進するものの、年金問題や介護問題をさらに深刻にさせる。世界レベルでの環境問題、異常気象、自然災害、食糧不足、水資源の不足……。

仕事や労働環境にも大きな変化が起きる。ＩＴのさらなる進化、人工知能の発達による判断業務へのロボットやコンピュータの参入。グローバル化の進展とともに、世界を結べば二四時間、三六五日稼働する企業システムが可能に。雇用形態や勤務形態の多様化、女性管理職の増加、外国人ホワイトカラーの増加、役職定年制、定年延長などによるシニア層の働き方の変化……。

これから、どのような世の中を生きていくことになるのだろうか。考えれば不安になることばかりです。自分たちがこうした現象を食い止めることができるわけではない。だったら、こうした社会が来るからこそ、より幸せになる、豊かに生きていく新たな道が見いだせないだろうか。

こうした確実に来るであろう未来を、どう受け止めたらよいのかを、一緒に議論してみてほしいのです。

単身者世帯が増加すれば、もっとその人たちが助け合い、ともに生きていく場が必要になるのではないか。単身者が多いからこそ、もっとみんながつながって、幸せを分かち合える社会、システムができないだろうか。

新たに出てくるＩＴ技術が、さらに自分たちの日常をどう変えていくのか。メガネや腕時計、衣類などにコンピュータを統合する新たなウェアラブルコンピューティングが広がると、仕事、生活、ビジネスにどんな可能性が広がっていくのか。

自分たちとは一見関係ないと思う変化が、実は自分たちの生活、仕事、ビジネスを大きく変える可能性がある。そんな思いを出し合ってみる。

ただし、ここで終わると、楽しい気持ちは残るのですが、発散するだけして次につながらないということがよく起こります。

また、多くの可能性を見いだしても、すぐに実現可能性と収益性で評価して、優先度を決めてしまうと、結局、既存のビジネス、既存の枠組みの中に入り込んでしまいます。

「そうはいっても、自分たちには技術がない、取引先との関係で難しい、人が足りない、能力不足だ」。こういった否定的な言葉が出てきて、みんなが現実に引き戻され、より確実で、効果の出るものに絞られていく。これでは、未来への思いは出てきません。会話の中から、自分たちの思いが消え、ワクワクした感情も消えてしまいます。

自分たちの価値を問い直す

そうならないためにどうしたらいいのか。ここで大切なアプローチが、「問い直す」ということです。


「私たちの製品やサービスは、誰をどう幸せにしているのか」

「そもそも私たちが考えているベネフィットを、顧客も重要だと思っているのか」

「顧客が本当に望んでいること、困っていることって、他にないのか？」

「そもそも、私たちを一番必要としてくれている顧客とは誰なのか？」

「私たちはこれから、さらにどのような人たちを幸せにしていくか？」


こういった本質に迫る問いかけです。私たちのしていることは、必ず誰かを幸せにするためにやっているはず。ところがそれが見えない。だから、思いも志も湧いてこない。だったら、改めて自分たちのやっていることの意味を問い直してほしいのです。

自分たちの提供している価値を名詞的にとらえるのではなく、動詞的にとらえてみると、

イメージが湧いてきます。

「私たちのビジネスは、輸送という手段を通じて思いやりを『つなぐ』ビジネスだ」

「私たちの仕事は、年をとっても心身ともに健康で、豊かに生きていける人たちを増やしていく仕事だ」

「私たちの価値は、使い手が何のストレスもなく、むしろ心地よい、幸せだと感じてくれる製品・サービスをお届けすることである」

自分たちは仕事、ビジネスの価値を問い直す中で、誰かにとってなくてはならない存在になろうという思いが持てるようになってきます。

一〇年後、二〇年後、あなたの会社は本当に存続しているでしょうか。自分たちが生み出しているものが、一〇年後、二〇年後も同じ形で、存在しているのでしょうか。

そう考えると、自分たちは未来に向けて、何かを変えなければならない、何かを加え、進化しなければならない。それは、来るべき未来において、必要とされるものでなければならない。それが何か、未来に生み出す価値は何か。

それを見いだすために、自分たちの本質的な価値を問い直すことが必要です。

究極の世界を描く

未来の可能性を探り、今を問い直すことで、自分たちが本当にやってみたいこと、実現したいことのキーワードが見えてきます。**みんなが「そうか、そのために僕らは頑張っていけばいいいんだ」と共感できるものが見つかると、それがみんなの思いの原点、出発点に変わっていきます。**

そこまで見えたら、今度は究極の世界を描いてみる。自分たちがつくり出す「究極の商品、究極のサービス」を考えてみる。本当につくってみたい、実現したいことの、究極のイメージを絵にしてみる。

こんなことをすると、思いが一気に吹き出してくる。ある会社の新任管理職研修でも、こんなブレイクした瞬間がありました。

新任管理職研修といってもテーマは、「未来を拓くビジョンをつくる」というテーマです。

自分たちの過去を振り返り、自分たちが大事にしてきたものを掘り下げていく。今度は、未来の変化を予測し、自分たちの可能性に変えていく。そんな議論を踏まえて、自分たちの未来を切り拓くカギを見つけて、それを軸に新たな事業展開、そうした展開を生み出せる組織づくり、人づくりを考えるというものです。

ところが、未来の可能性を探究したはずなのに、気づくと現実の世界に引き戻されてしまう。規制の多い事業分野で、取引先との関係も長く、しがらみもある。だから、新たなチャンスがあると思っていても、そこに手を出すと取引先から不満が出るのではないかという不安もある。そうした議論を繰り返しているうちに、自分たちが何をしたいのかが見えなくなったのです。

そんな風に議論が停滞し始めたとき、ある人が自分たちの生み出す価値を端的な言葉で表現したのです。**自分たちのビジネスは、「疲れた人たちの心を躍らせる」ビジネスなのではないか、と。**

その言葉が、みんなの創造性と思いに火をつけました。次々に思いが出てきて、だったらこんなこともできるのではないか、あんなこともやりたいという面白い発想が湧いてきたのです。そして、それを体現する究極の商品をつくりたい、そんな議論になっていきました。

翌月の研修までに材料を準備してもらう予定が、自主的にミーティングを何度も行い、研修当日にはその究極の製品のデザイン画をつくってきました。そこには、本当にワクワクするデザインと機能が満載で、顧客の表情や言葉が聞こえてくるようなものでした。

同時に、こうした製品をつくろうとしたら、自分たちだけの力ではできないことも気づき、どこと提携して、どういう開発をしていきたいかまで詰めてきたのです。他社の力を借りてでも、実現したい。そこにもいろいろな企業の人たちとコラボレーションしていく姿が描かれています。

そして、こうした開発ができるようになるための開発テーマの決め方、開発体制のあり方、他企業との協業の仕方、マネジャーの役割、業績評価の仕方、ノウハウのシェアの仕方など、思いつくままに、あるべき姿を描いてきたのです。

究極の商品・サービスを思い描くことがきっかけになり、ビジネス開発のあり方、組織のあり方まで話が広がり、そこに一貫した世界観ができあがりました。それは製品づくり、事業づくり、組織づくりを貫く、一つのコンセプトでした。

この研修のあと、彼らは実際に経営と開発現場に自分たちの思いをプレゼンテーションしに行きました。そのくらい、どうしても実現したい思いへと昇華したのだと思います。

経営層や戦略スタッフ起点であっても、財務データや市場調査ありきではなく、自分たちの根幹にある思い起点で議論をする機会をつくるべきです。

そこから出てくる世界観は、より自分たちのありよう、生き方を照らし出してくれるのだと思います。

みんながワクワク、イキイキと働き、何かを生み出し、誰かを幸せにしている姿をより鮮明にイメージする、思いを重ね合わせる。

このように、**世界観を共有すると、そこに向けた連携が自然と生まれるようになります。**一人だけ、一部署だけでは、未来はつくれないことがわかってくるからです。

「個人力」×「つながり力」＝「組織力」という掛け算がさらに大きくなっていきます。

未来をつくる仕組みに変える

次に、こうした未来への思いや行動が継続的に生み出されていくためにどうしたらよいかを考えてみてください。特に、現行の人と組織の力を引き出す仕組みが、未来をつくる仕組みになっているのか見直してみてください。

まずは、研修制度が単に、知識やノウハウを学ばせたり、一律のやり方を教え込むだけの場になっていないでしょうか。やるべきことをしっかりやらせるだけの研修になっていないでしょうか。

これまで紹介してきたように、研修という場は、役割や部門を超えた多くの人たちが一堂に会し、対話することができる貴重な機会です。自分と向き合い、互いをよく知る中で、お互いの思いを重ね合わせ、未来への一歩を踏み出す。そんな場になりうる絶好の場なのです。**研修を人材開発の場とするだけでなく、組織開発、すなわち未来に向けた組織の力を開発する場にしてください。**

では、人事制度についてはどう考えればよいのでしょうか。

バブル経済の崩壊以降、より高い成果を上げた人が報われる仕組みをつくることが、組織の成長にとって必要だと考えられてきました。でも、現行の仕組みは、本当に多くの人たちの未来への思いを引き出しているのでしょうか。それこそ、結局は人を追い込み、多くの人が自信をなくし、人の力を奪う仕組みになっていないでしょうか。

そもそも最初に決めた目標を達成したかどうかで評価する仕組みで、人はチャレンジングな目標を設定するのでしょうか。事前に決めたことでなくとも、やっていく中でもっといい目標が見つかったら、最初の目標を捨ててでもより大きなチャレンジをしたいという思いを引き出す仕組みにしていくことはできないのでしょうか。

目標は、個々人が自力で達成しなければならないものではないはずです。周囲の力を借りてでも、チームみんなの目標が達成されたほうが、組織全体として良い成果を生み出せるに違いありません。

目標はみんなで決める。決めた目標はみんなで達成する。この視点が重要です。評価は上司が行うという仕組み自体にも疑問があります。上司は成長度合いを見て、成長の観点からフィードバックをする役割に徹して、取り組みや成果の貢献はみんなで投票し合って、みんなで決めることはできないでしょうか。

昇格制度も、経営や上司が選び、決めるだけでよいのでしょうか。ジェイフィールの親会社（株式会社アミューズ）では、役員の選定の際に、従業員から投票してもらい、それを参考に決めました。現場の人たちが本当にこの人にリーダーになってほしい、マネジャーになってほしいという人を推薦する、選ぶ仕組みにはできないのでしょうか。

大切なのは、目標も、評価も、登用も、自分たちで決められる、みんなで決められるということです。与えられ、評価され、管理され……。これで未来への思いが出てくるとは思えません。

制度で人は動きません。でも、制度で人は行動を決めます。制度があると、その制度の中でうまく生きていく方法を見いだそうとします。だから、本当は制度なんてないほうが良いのです。それでも**制度が必要になるとすれば、それはその制度があるから人と組織の力を最大限、しかも持続的に生み出すことができるからです。**

改めて自分たちの制度を考え直してください。人と組織の未来をつくる仕組みに変えてください。

合言葉のパワーが文化をつくる

最後に大切なこと。

それは、**みんなが普段使う言葉を変えていく**ことです。

何か提案があったとき、

「確実に儲かるのか」

「リスクを考えたのか」

「失敗しないといえるのか」

「うちでやる必要があるのか」

こんな言葉ばかりを浴びせられてしまったら、思い切ったことがいえなくなる。自分からリスクを取ったり、チャレンジしたいという気持ちをみんなが失っていく。

「そんなの時間の無駄だよ」

「どうせ無理だよ」

「そんなことしたら、損するよ」

こんな言葉も、結局、あきらめ感、無力感を広めるだけになります。

結局、目の前の仕事の効率、成果、リスクにとらわれて、前に進めない状況が続いてしまう。これでは、未来革新は起こせません。

自分たちがもっと前向きに、もっと未来志向になるような、そんな問いかけ、合言葉が飛び交う職場にしていかなければ、どこかでまた閉塞感という檻の中に自らを閉じ込めてしまいます。

「もっと、自由に発想してみようよ」

「まずは、やってみようよ」

「思いっきりチャレンジしてみようよ」

こんな前向きな言葉で、後押しをし合う。そこまでいかなくても、未来への思いにつなげる問いかけをしてみる。

「自分たちにしかできないことが、きっとあるよ」

「自分たちが納得するまで、やってみようよ」

「誰かを思いっきり幸せにしようよ」

こんな問いをしながら、より良い自分たちを絶えずイメージする、そのために何をすべきかを考え続ける。こんな組織に進化させていくことができないでしょうか。

経営陣や管理職が使う言葉も大切です。そういう立場の人は、口癖がないか、それが周囲にいい影響を与えているのかどうかを考えてみてください。特に困難な状況やプレッシャーがかかったときの言動は、周囲に大きな影響を与えています。社員を前向きにする言葉を絶えず発しているのか、周囲にも聞いてみてください。

言葉には力があります。人の心を動かす言葉があります。

前向きな言葉を経営者やリーダーが発するだけでなく、職場の合言葉に変えていく。それが互いの意識を変え、いい行動を後押しするようになる。

未来につながる前向きな言葉があふれる職場にしていくこと。そうした言葉が部門を超え、会社全体に広がる。これが未来志向の文化をつくることになります。

組織革新に取り組む企業に学ぶ 4

「組織横断のコミュニティを築いて、未来を拓く」

富士通グループ

組織力は、個人力とつながり力の掛け算だというのがジェイフィールの主張ですが、この取り組みに地道に取り組んでいる企業グループがあります。研修の卒業生が、自らの意思で後輩たちの指導役を買って出る。それを受けた後輩たちが、またさらに後輩へ伝えていく。

人には、学び、成長したいという本能的な欲求がありますが、同時に目の前の人の成長を支援したいという心も持っています。人が持っている前向きな気持ちを原動力にしたつながり力強化を行っています。

つながり力が強くなってくると、それが支えや刺激になり、自分はもっとこうしていきたいという未来に向かう気持ちも出てきます。

つながり力から未来革新へ、とても自然な動きをご紹介します。

◉縦横に加えて、自然な斜めの関係をつくる

未来革新は、こんな未来を実現したいという強い思いなしには実現しません。しかし、不確実な未来を切り拓くには、一人の力では成しえません。私たちは、数多くの事例から、**コミュニティの中で生まれる力強い動きを実感**しています。

ヘンリー・ミンツバーグはコミュニティのことを、「仕事や同僚、そして自分たちの居場所を大切にし、この気持ちによってやる気が湧いてくるところである」と定義しています。ここでは、未来を切り拓くために、コミュニティづくりに取り組んできた富士通グループの事例を紹介します。

富士通マーケティングは、二〇一〇年、富士通のグループ戦略の中で国内の中堅・中小企業をメインターゲットとすることが明確になり、その際、富士通本体から関連の深い部隊が一〇〇名単位で移ってきました。その中の一人の部長に、管理職昇格候補の部下がいました。会社が変わったので、昇格審査の仕組みも当然異なるものになります。

昇格審査の仕組みはもちろん公開されているのですが、実際の勘どころというものは言葉では表せないものです。昇格審査用のプレゼンテーションの準備はするものの、レベル感はどうだろうか、不安にもなります。

何とか部下を昇格させたい彼は、研修で一緒だった仲間に声をかけて頼みました。

「今年の昇格試験をうける部下のプレゼンテーションを聞いて、アドバイスをくれないか？」

頼まれた研修仲間たちは二つ返事で引き受けて、部下のプレゼンテーションを聞きました。通常は、異なる部門の部長が、面識もない一般職の昇格試験のプレゼンテーションにアドバイスすることなどありません。

しかし彼らは、いつもそうしているかのように、

「この辺と、あと、この辺りを明確にしたほうがいいかな」

「でも、大丈夫。落ち着いて実力を出せば大丈夫だよ」

と、率直なフィードバックをくれました。そして、無事に昇格試験に合格しました。

もともと実力のある部下だったのだろうと思いますが、会社も審査方法も変わり、不安なときにもらった先輩部長たちの言葉は、何とも心強かったでしょう。

なんでもないことのように思われますが、そこには**「困ったときはお互いさま」という昔ながらの関係性**がありますし、近所の子どもをみんなで育てるという感覚が息づいているように思います。

しかし、何もしないでこうなっているわけではありません。以前は、部門間の壁が強く、

業務上必要なことであっても、なかなか協力関係が築けないという課題がありました。

その課題克服には、ある意図的な取り組みがありました。

◉先輩と後輩の新たな関係

富士通マーケティング（当時は前身の富士通ビジネスシステム）は、二〇〇八年、「リフレクション・ラウンドテーブル」というワークショップを導入しました。半年から一年弱かけて、一二名のマネジャーが毎週一回集まって、互いの経験からマネジメントを学び合うプログラムです。ただマネジメントを学ぶだけでなく、ここで築いたコミュニティをベースにしたミドル起点の革新を意図しています。

ジェイフィールが日本に導入しましたが、最初に採用したのが富士通グループでした（注：富士通グループでは、このプログラムを海外での名称のまま、「コーチング・アワセルブズ」と呼んで展開しています）。

富士通マーケティングでは、この**ワークショップのファシリテーターを前年の卒業生が行う仕組み**になっています。通常は外部のファシリテーターや人材開発部の人が担当しますが、卒業生であるライン部門のマネジャーが担当します。

当然のことながら、営業部門のマネジャーは日々の売上数字を抱えています。一年弱、自分が参加者として毎週一回、時間は七五分と短いものの時間を拘束されてきました。ようやく卒業と思ったところで、またワークショップに時間を割かなければなりません。しかも、ファシリテーターとなると、事前の準備は欠かせません。

部下に相当する課長クラスが受講者なので、しっかりやらねばとプレッシャーもかかります。テキストの説明だけでなく、どんな質問が出てきても大丈夫なようにシミュレーションもします。前年度、自分が疑問に思ったことは、当然、後輩たちも疑問に思うでしょうし、質問もされるでしょう。「私もわからないんです」では、卒業したことになりません。改めて勉強もするし、わからないところはかつて一緒に学んだ仲間に確認もします。

私も何度か、彼ら（営業や開発、保守などのライン部長）がファシリテーションしている現場に立ち会いました。あるセッションでは、マネジャーが陥りやすい傾向がテーマでした。

一人の参加者（課長）が、

「私はスポンジ型で、ついつい自分が抱え込んでしまって、結局周囲に迷惑をかけることが多いんです」

と語ると、ファシリテーターである部長はこういいました。

「僕もね、一年前のテキストを見返したら、スポンジ型って書いてるんだよ。自分でやらなきゃって、一人で抱え込むんだよね。でも、それって、部下たちを信じてないことだし、変えていかないといけないところなんだよ。僕もまだまだ不十分だけど、一緒に頑張っていこう」

声をかけられた課長の表情は、途端に明るくなり、

「はい、ありがとうございます」

と答えていました。

こういう言葉は、**外部のコンサルタントには決してかけることのできない、活きた言葉**です。富士通マーケティングでは、こうして課長たちは、それまであまり接点のなかった先輩部長たちの経験とアドバイスをもらいつつ、成長していきます。

見ていると、必ずしも上手なファシリテーションばかりではありません。たどたどしかったり、時間配分がうまくいかなかったりします。しかし、受けている課長たちは、驚くほど神妙に我慢強く聞いています。それは、このファシリテーターを務める部長たちが、自分たちのために貴重な時間を割いてくれていることを知っているからです。

そして、時期が来れば、自分もまた後輩たちにファシリテーターとして支援をしていくことになります。こうした**学びの連鎖を通じて、上司と部下という縦の関係ではなく、部門を超えて部長層と課長層がフランクに話し合い、支え合う「斜めの関係性」を形成**して

います。

特別な強いリーダーがいて、みんなを引っ張るのではなく、それぞれの課題を抱えながらも励まし合い、支え合いつつ力強く前に進むのです。

◉後輩の社長提言プロジェクトに加勢

さらにこんな事例もありました。二〇一三年春、課長クラスが卒業を迎えたとき、このまま終わるのはもったいないという声があがり、秋に社長に提言しようということになりました。そこから、メンバーが集って、テーマ設定から話し始めました。

人材開発部で一泊二日の合宿は設定したものの、それ以降はまったくの自主的な活動でした。仕掛けた側の人材開発部も、進捗が気になり、途中で中間報告会をすることにしました。

中間報告会に向けて、ワークショップの卒業生たちに声をかけると、先輩たちが駆けつけてくれました。取り組んでいたテーマは、①富士通マーケティングの使命を実現するためのチャネル政策、②新しい事業モデルと具体的な事業プラン、③働きやすくナレッジが生まれるオフィスづくり、の三つでした。先輩たちは、それぞれのチームを回り、真剣にアドバイスをします。

「チャネル政策を提言するなら、現場のことを知らないといけない。特に、地方のこと。それも代理店さんにお願いしている現場がどうなっているかまでちゃんと見たほうがいい。僕の知り合いで仲の良い代理店が東北にあるから、行って聞いてみてごらん。僕が話をつけておくよ」

「ウェブ上に販売サイトをつくっても、そこに顧客を呼び込むためには、最初はやはりリアルな営業部隊が必要になってくる。その陣容をどうやって集めるのか。うちの現有勢力でまかなうのか、新たなリソースを持ってくるのか、はっきりしないと立ち上がらないよ」

「ワクワクって、どういう意味かな。いろんな人とコラボレーションできる。だからワクワクするんじゃないかな。大きな仕事ができるとか、いろんな可能性を感じるから、ワクワクするんだと思う。新しいオフィスだからといって、ハード面に目が向きすぎじゃないかな」

真剣に、自分はこう思う、自分ならこういう提言をする、という同じ目線に立ちながらも、部門の責任者の立場から、率直なフィードバックやアドバイスを行いました。

聞くほうも真剣で、

「どこまで提言したらいいかためらっていたけれど、率直に、思っていることを伝えよう。

ただ、資料は、今のままでは伝わらないみたいだから、もっとシンプルにしよう」などと話し合っていました。こうして、この中間報告会で提言活動は、さらに加速されました。

最終報告会は、当初、社長と一部役員だけという設定でしたが、いつのまにか、後方の席に、中間報告会のときとは打って変わって、あたたかい視線を送る部長たちの姿がありました。自主的な課長の提言発表会に、オフィシャルに招かれていない部長たちが参加して見守っていたのです。

「斜めの関係性」ができると、「困ったときは相談してみよう」という発想が生まれてきます。それは、相談すれば、何かが返ってくるという組織に対する信頼感が醸成されていることに他なりません。富士通マーケティングでは、卒業生一覧を配布して、ことあるごとにこのコミュニティを活用して、組織全体のダイナミックな動きを促そうとしています。

◉自ら新しい取り組みを起こす

富士通マーケティングをはじめ、こうした取り組みは富士通グループで広がっています。

二〇一三年、新たにこの取り組みに参加した富士通コンピュータテクノロジーズでも、自ら新しい動きをつくり出しました。このクラスは、富士通コンピュータテクノロジーズの他、前述の富士通マーケティング、富士通ソーシアルサイエンスラボラトリ、富士通コワーコという四社から一〇名が集まっていました。

富士通コンピュータテクノロジーズからの参加者、森本利弘さんは、会社は違えど同じ悩みを抱えるメンバーとの対話の中で、自分の中の壁を見つめ、自分が変わることが、組織が変わることだと気づきました。

まずは信頼関係を築くために、自分のことを周囲によく知ってもらうことを始めました。大切にしている価値観を語るだけではなく、なぜそう思うのか、育った環境や家族のことなどを語り始めました。部下からも自分のことを話してくれるようになり、変化を感じています。さらに、「つい、自分が直接手を下してしまう」癖を思いとどまり、自分がなすべきこと、役割を自問自答することを重ねました。

そして、自部門だけでなく、数年後の会社の組織や事業を考えた体制についても考え、そのさきがけとなるチームをつくり、会社の中期計画の中で承認をもらいました。組織横断的なワーキンググループも立ち上げ、新規ビジネスを創出する輪を広げつつあります。

森本さんは、最初に会ったときから、前向きで積極的なマネジャーという印象がありました。しかし、彼の中には、「これだけいっているのに、どうして周りは動いてくれないんだ」という苛立ちのようなものがあったのかもしれません。ワークショップに参加する中での気づきは、**「自分が変わることで、周りが変わり、未来が変わる」**ということでした。

コミュニティの中で、自分が進む方向を確信したのです。

富士通エフ・オー・エム株式会社の半田幸子さんも、二〇一三年、この取り組みに参加しました。半田さんは、マネジャーに昇格すると、自分が組織を引っ張るんだという責感を持って日々の仕事に取り組んできました。しかし、毎週のセッションで内省を繰り返すうちに、「私がやる」「私がスキルを磨いていく」と、行動の中心が自分であることに気づきました。奥底には、自分が認められることが自分のモチベーションになっているという結論にいたりました。

この発見プロセスは、つらく厳しいことだったと思います。しかし、**自分をより深く理解すると、部下を主役にしていく道が拓けました。**「メンバーを元気にする」「メンバーのスキルを高める」「経験や思いを共有する」。こうして、メンバーをつなげる役割に変えると、徐々にメンバーのモチベーションアップが、自分のモチベーションになってきました。

メンバーとの一体感が高まってくると、自然とこの組織をどういう方向に導こうかという、未来志向が出てきます。これが、未来を創造する力の源泉です。

半田さんは、初年度を「内省」の年として位置づけ、リフレクション・ラウンドテーブルで習った内省と対話を広めようとしています。翌二〇一五年は協働の年。自分たちでプログラムを開発して、社内のナレッジを共有し高めていきます。仕上げの二〇一六年は、自社単独でプログラムを定着させていき、ナレッジ創造の仕組みを構築します。

半田さんも、森本さんと同じように、自分中心の世界観のままだと、頑張っているのに、孤独でつらいリーダーだったのです。**周囲の人、部下だけでなく上司や関連部門、社外の人も含めて、一緒にやっていく人を認め、信頼することが、コミュニティの始まり**です。

基本的な価値観と大きな方向感。これを共有する人々が集い、互いをリスペクトする（大切に思い、認める）ことが、元気をもたらし、前に進む勇気を与えてくれます。

◉信頼感がつながりを広げる動きを生んでいく

未来をつくっていこうという動きは、はじめは現場近くで有志の集まりのような形で起こります。こうした自主的な活動というのは、誰かに指示されるわけではなく、最初から責任を負っているわけでもありません。だから、必ずしも思った通りにことが進まないことが多くあります。

自主的な活動だけでなく、オーソライズされていてもそれほど注目されていない活動では、こうしたことが少なくありません。

しかし、未来を創造する活動をもっとも妨げているのは、周囲の人ではなくて、呼びかけた人自身のあきらめの気持ちです。

「あんなにお願いしたのに、反応してくれない」

「いくらいっても、わかってくれない」

もしくは、

「こうしてほしい。でも、どうせダメだろうな」

「本当は協力してほしいけど、忙しいから難しいだろうな」

と、声をかける前から躊躇してしまうのです。

先ほどの森本さんは、周りに働きかけてもなかなか変わらない、というあきらめのような気持ちを持っていましたが、自分が変わることで周囲が変わるという意識の転換がありました。

これは、ただ自分が悪かったです、と安易な反省をしているのではなく、「やりたいことが伝われば、きっとこの人も共感してくれる。自ら動いてくれる」という他者に対する信頼感が生まれたからです。

「自分が変わらなくては」という同じ言葉でも、自己否定だけの状態と、他者に対する信頼感があるのとでは、大きく違ってきます。継続的な共感と内省の場を経ることで、**人に対する信頼感、人間観というものができたとき、人は強くなれるし、優しくなれる**のです。

富士通マーケティングの事例では、卒業生のコミュニティ全体に、こうした互いに対する信頼感ができています。

誰かが何かを始めよう、取り組もうとしたとき、周囲の人たちが素直にそれを応援しようという気持ちで応えています。人が本来持っている共感性や支援の感情を、とらわれや損得勘定に邪魔されず、自然に表現できることは組織の大きな力となります。

個の変化がコミュニティをつくり、コミュニティの形成が大きな組織を変えていく。こうした動きが今、始まっています。

◉コミュニティの中から新しい動きが始まる

富士通グループでは、二〇一四年七月、このワークショップの卒業生が一堂に会する「総会」を開催しました。グループ五社から、平日の業務中でありながら、自分で時間を調整して一〇〇名強が集いました。

卒業した年度もクラスも違うマネジャーたちが、小さなグループに分かれて互いのマネジメントについて語り合う姿は壮観でした。自分たちと同じようにマネジメントに悩み、でもそこにやりがいを見いだして成長しようとしている仲間がいるということを、会場いっぱいの人数で体感したことだと思います。

こうしたコミュニティが、個人を元気にし、元気になった個人がコミュニティに活気をもたらし、それがまた個人を元気にする、という好循環を生んでいます。こうして、いろいろな人とつながりを持つ、健全で強いリーダーが生まれ、未来革新の第一歩を踏み出します。

その**出発点は、まずコミュニティを体感すること**です。理屈でなく、体感することで、自分の素直な感情が引き出され、それが人間味あふれるコミュニティにつながっていきます。

では、最初のコミュニティの種は、誰がまくのでしょうか。

ミンツバーグは、「組織内にコミュニティを築くには、熱い思いを抱いている一握りのマネジャーから声をかけるのがもっとも望ましい」と、「コミュニティシップ」経営論（「ダイヤモンド・ハーバード・ビジネス・レビュー」２００９年11月号）で述べています。

一連の富士通グループの取り組みは、二〇〇七年、富士通ソーシアルサイエンスラボラトリとニフティから参加した九名でスタートしました。まさに一握りのマネジャーから始まって、大きな輪になってきました。

その一握りのマネジャーたちに最初に声をかけたのは、ミンツバーグの愛弟子である富士通ソーシアルサイエンスラボラトリで人事担当役員だった、飯島健太郎さん（現：富士通マーケティング取締役兼執行役員常務）です。その後のグループ各社への展開も、飯島さんがそれまで築いてきたつながりを活かして、広げてこられました。

一人で何かをするのではなく、つながりをもとに、コミュニティを広げていく。ミンツバーグの理念である、コミュニティシップを実践されました。

つながりをもとにコミュニティを形成し、コミュニティがまた新たなつながりを広げていく。その中で、力強い未来革新の動きが生まれてきています。

コミュニティの発端は、「熱い思いを抱いている一握りのマネジャー」に他なりません。**可能性を信じる少人数が集まり、熱い思いを語り、対話を始めることが、組織変革の起爆剤**になっていきます。

第7章

結局、「組織変革」とは何なのだろうか？

なぜ、変わらなければならないのか

「変わる」というのは、大変なことです。

なぜなら、今の自分をどこかで止めなければならないからです。今までのやり方、今までの生き方を、別のやり方、別の生き方に変えなければならない。そこには、大きなエネルギーと苦悩が伴うものです。

それでも変わらなければならないのは、なぜか。

それは、**変わらなければ自分らしさを失ってしまうからです**。

正直、自分が変わろうと思わなくても、人は大きく変わっていきます。世の中や周囲が絶えず変化しているからです。その中で生き残るために、人も組織もその状況に合わせて変化していきます。それは受動的な変化ともいえます。

世の中が良い方向に向かっている、自分も周囲もその変化が正しいと思えるときは、その変化に身をゆだねているだけで、自分もいい方向に変化できます。高度成長期の日本は、社会全体がこうしたいい方向にみんなで変わっていったのだと思います。

ところが、何かがおかしい、もしかすると悪い方向に転がっているのではないかと思うこともあります。一時的には必要だ、仕方ないと割り切れても、それを続けていたらみんなが疲弊する、不幸せになる。そんな風に感じているにもかかわらず、自分も組織もその変化に迎合していくしかない。バブル崩壊以降に起きた変化とは、こうした変化だったのではないでしょうか。

受動的な変化は、「変わる」のではなく、「変えさせられている」ということです。自分の意志ではなく、周囲の圧力によって強いられている変化です。

それは人を幸せにすることもあれば、不幸せにすることもある。もし不幸せにしていると感じたなら、ここからは能動的に変わらなければならないのです。

自分の意志で、こうしたいという方向に自ら変化を起こしていく。そうでなければ、受動的な変化から抜け出せないのです。

自分の意志を取り戻す

今、何を変えるべきなのでしょうか。それは、企業も自分も、「自分の意志を取り戻す」ということなのではないでしょうか。

仕方ない、自分ではどうにもならない、どうせ何も変わらない。

こうした気持ちが蔓延すれば、誰も踏み出せなくなる。同時に、こうした状況を続けていると、何が正しいのか、どうしたいのかがわからなくなる。変えたいと思っても、どこに向けて変えたいのかがわからない。こんな状況にみんなが陥ってしまったのではないでしょうか。

この状態のままで、経営者から変革へのメッセージが出てくる。グローバル競争が激しくなる。買収や提携も加速する、ネットビジネスが進化し、新たなビジネスモデルが生まれてくる。自分たちもそこについていかなければならない。だから、皆さんももっと知識をつけ、新たなチャレンジをしてください、と。

でもこれも、まさに受動的な変化をしようといっているだけではないのでしょうか。**こういう時代だからこそ、自分たちがどんな生き方をしたいのか、どんな存在になりたいのかを示すことが必要**ではないのでしょうか。

こういった受動的な変化を革新といわれても、人は動機づきません。なぜなら、そこには意志、夢や希望が見えないからです。

今、変えるべきは、企業も個人も、自分たちらしい生き方を取り戻すことです。自分たちが何にこだわり、周囲の変化の中でどう自らの意志で判断し、行動していくのか。

受動的な変化ではなく、ここで本当に自らの意志で変わるという能動的な変化が求められているのです。

変えてはいけないものもある

能動的に変わるために、まず何をすべきか。

逆説的な言い方になるのかもしれませんが、**変わるために、「変えてはいけないもの」を決めることが重要**です。そこにこだわりたいから、そこが何より大切だと思えるから、変わりたいのです。

それは何なのでしょうか。

第2章で、多くの企業が見失うものとして次の三つを挙げました——働く喜び、仲間の大切さ、思いや志。

こうした人々がイキイキと働くために、幸せに生きていくために、企業も人も見失ってはいけないこと、変えてはいけないことがあるのではないでしょうか。

本当に変えてはいけないことは、誰にとっても大切だと思えること、ともに生きていく人たちが共感し、ともに歩んでいくために、曲げてはいけないものなのです。

そんなものが、企業にも必要です。それを明確にすることが、変革の第一歩となります。

変えてはいけないこと、それは未来をともにつくる仲間が守らなければならないもの。そのためになら、自分たちを変えようと思える、よりどころになるもの。

それが、組織と人を変革する原動力になっていきます。

ともに変わる、みんなで変わる

みんなは何のためにここに集まっているのか、企業とは何か、そこで働くとは何か。そうした本質的な問いの先に、自分たちがここでともに生きる意味が見えてくる。そこに向けて、自分たちの企業、組織をともに変えていこうと思う。これが本来の変革のはずです。

でも、人はそう簡単に変われるものではない。強い意志を持つ数少ない人たちが立ち上がったとしても、その人の力だけで大きく組織を変えられるわけではない。変わるのは、同じ場でともに生きる人たち。であれば、その人たちがともに変わろうと踏み出していけるように、思いを重ね合わせる場が必要になってきます。

変革を進める上で、大事な視点が三つあります。

第一の視点は、繰り返しになりますが、まずは**「相手の気持ちを知る、相手の目線にな**

ってみる」ということです。

自分視点でしか見ていなかった世界を、周囲の人たちの目線、顧客の目線、社会の目線で見てみる。すると、そこには自分だけでなく、みんなも同じだったという気づきと、同時に自分たちが小さな世界の中に自らを閉じ込めていることに気づく。本当にこのままでよいのか。こうした感情の交流が、一人ひとりの心を動かしていきます。

二つ目の視点は、**「一人ひとりが変わるのではなく、ともに変わる」**という視点です。

人はそんなに強いものではない。だから、世の中の変化や周囲の状況に影響を受け、時に受動的な変化を強いられていく。

そうならないように、自分だけで頑張ろうと思っても、それは相当なエネルギーと強い意志が必要になる。であれば、周囲から影響を受けやすい人間の特性を逆に活かせばよい。

みんなが良い方向を見定めることができれば、一緒に変わることができる。

そのためにもう一つ大切な視点。それは**「対話を繰り返す」**ということです。

みんなで変わろうと思っていても、やはり一人ひとり違う部分もある。ちょっとしたことで、誤解を生み、思いが伝わらないこともある。気づくと閉じこもり、また互いのことが見えなくなることもある。だから、対話を止めてはいけない、対話をあきらめてはいけないのです。

絶えず良い方向を模索し、自分たちが迷っていたら、それを自分たちで修正していくための対話をしてみる。そうすると、自分が独りよがりになっていたり、誤った方向に行っていたら、周囲が気づいてくれる、意見をいってくれる。こうした対話が、自分のことも守ってくれる。

一人では変われない。でも仲間がいるから変われる。そう思える関係をどうつくるか。これが、組織変革の一番のカギです。

みんなが少しずつリーダーシップを発揮する組織

関係の質を高め、良い対話と学び合いを生み、知恵と行動が生まれる組織に変えていく。こうした変革を起こしていくために、最後にもう一つ大切な視点があります。

それは、**「みんながリーダーになる」**という視点です。

誰かがきっかけをつくらなければ、確かに対話は始まらない。思いが強く、どうにかしたいと言葉にする勇気のある人がいなければ、最初の一歩を踏み出せないかもしれない。でも、そうした人を待っていても、なかなかそういう人が出てこない職場もあります。

これからの大切な視点は、誰かを引っ張ってくれるリーダーが出てきてくれることを、今のマネジャーや経営層が変わることを期待して待つのではなく、気づくと多くの人たちが一歩踏み出し、ともに変わろうと動き出す、そういった関係をつくり出すことです。言い換えると、**みんなが少しずつリーダーシップを発揮する組織になる**ということです。

二〇世紀のリーダーは、大量生産時代をつくり上げるために必要なリーダーたちでした。経営者の思いやビジョンを、具体的な戦略や計画に落とし込む、一部の優秀な戦略型リーダー。その人たちが示した戦略に基づいて、効率的に人を動かしていく管理型リーダー。これらの人たちが管理職や部門長として、メンバーを引っ張ってきました。

こうした一部の戦略型リーダーや、細分化した部門をリードする管理型リーダーたちが機能してきたのは、彼らがより重要な情報を入手できたからです。**経営に近い人ほど重要な情報を入手し、だからこそ適切な判断ができる。こうした状況があった**からです。

ところが二一世紀になり、インターネットが普及すると、社内外で多くの情報が瞬時に流通するようになり、**経営と現場、上司と部下との間での表面的な意味での情報格差がなくなりました。一方で、現場のほうがよりタイムリーで、適切な情報を察知する、つかむケースも増えました。**ビジネスのスピードと複雑性が高まる中で、そうした現場の情報、顧客の変化を的確にとらえ、素早く対応しなければならないことが一気に増えていったのです。

こうした状況で、上司がいつでも適切かつスピーディに判断を下していくというのは至難の業です。むしろ現場の人たちが、今起きていることを自分たちで判断し、自分たちで動けるようにしなければ、それこそ対応が遅れてしまいます。

しかし、ここで大きな心配が出てくる。それは現場で考えろ、決めてよいといわれても、自信がない、何をもって判断したらよいかわからない。だからこそ、周囲の仲間が大切になるのです。

ちょっとしたことでも周囲の目を通してもらう、周囲から意見をもらう。その中で自分が偏った情報だけで見ていないかを判断する。同時に、お互いの経験を持ち寄り、どういうときにはどんな判断をすべきかを、互いの経験を通じて学んでいく。

つまり、**みんながリーダーになるために、みんなが支え合う。こうした関係性に基づくリーダーシップが組織全体に広がっていくことが大切**なのです。

こうした二一世紀の情報社会における新たなリーダー像を、私たちは**コネクティングリーダー**と呼んでいます。固定的なリーダーに依存するのではなく、みんながリーダーであり、みんながリーダーを支えるメンバーにもなる。こうした組織が、変化に対応しながらも、自らを修正し、前進させる組織になれるのです。

このコネクティングリーダーの最大の役割は、戦略策定や管理・統制ではなく、「つなぐ」ことです。しかも、次の五つの力を持って「つなぐ」ことが必要だと考えています。

①自分とつながる力
②他者とつながる力
③世界とつながる力
④幸せとつながる力
⑤未来とつながる力

「自分とつながる力」とは、自分の根幹にある感情や思いと向き合う力です。

「他者とつながる力」とは、まさに他者の良さを知り、他者とともに考え、対話していく力です。

「世界とつながる力」とは、グローバルという意味だけでなく、異なる価値観、異なる考え方とつながっていく力です。ダイバーシティを取り込む力ともいえます。

「幸せとつながる力」とは、まさに「幸せ」を探究する力です。社会にとっての幸せにどうつなげていくかを考える力です。

そして、「未来とつながる力」とは、未来への思いを重ね合わせる力です。ともに未来を拓く強い意志や思いを持つ力です。

みんながこうした新たなリーダー像へと進化していく。これが必要なときに、自ら修正し、自らを変えていく力を持つ組織をつくっていくことにもなります。

まずは最初のフォロワーになろう

ここまで述べてきたことは、現場起点でなければならないというわけではありません。現状を憂いたり、苛立ったりしている人、どうにかしたいと思っている人、小さな一歩を実際に踏み出した人……。

こういった人たちの思いや行動が起点になり、大きな動きにつながっていきます。

大切なのは思いを持ち、行動する人たちが出てくるような場をつくることと、そうした人たちの連鎖を起こしていくことです。

社内で起きている動きをイントラ上で共有する、そこでいろいろな人たちの「いいね!」と「コメント」を集める。こうした動きを取る人たち同士がつながれる「場」をつくる。

各世代の研修やワークショップもつないで、各世代の思いを共有し合う。

未来の働き方、価値の出し方は、さらに多様化するでしょう。各世代が一番力を発揮し、

旧来のリーダーと新時代リーダーの違い

20世紀型のリーダーシップ 戦略型リーダー、管理型リーダー		21世紀のリーダーシップ コネクティングリーダー
•他者に影響を与え、他者を適切な方向に動かすことができるリーダー	定義	•他者とつながり、他者とともに方向を定め、ともに動き出せるリーダー
•人を動かす、人をリードする	姿勢	•本質を探究する •ともに考え、ともに動く
•方向づける／•組織化する／•指示する／•調整する／•統合する	行動	•探究する／•可能性を広げる／•問い直す／•発する／•共鳴する／•巻き込む
•目的が明確で、目標達成に向けた統制的・効率的な行動が重視される組織	組織のあり方	•多様性・変化が大きく、アイデアや知恵、行動の結合、融合が重視される組織
•ビジョン構築力／•判断力、決断力／•管理能力／•育成力／•評価力	必要な力	•自分とつながる力／•他者とつながる力／•世界とつながる力／•幸せとつながる力／•未来とつながる力

イキイキと活躍できるにはどうしたらいいか。その互いの力をどう組み合わせていくと、組織の力としてさらに大きな力を発揮できるようになるのか。

それぞれの世代が、自分たちの未来を描き、それが世代を超えて、重ね合わせて、連動し合う新たな関係をデザインする。この互いの良さが連動し合う、新たな組織像が、未来革新を促進していきます。

最初の一歩を踏み出す個人は大切です。でも、それは周囲の支えがあるからこそ、少なくとも共感してくれる仲間がいると思えるからこそ、勇気をもって踏み出せる。

もっと大事なことは、一歩を踏み出した人を最初に支え、ともに歩き出す数名の仲間たちがいることです。この人たちがいるからこそ、組織全体の動きに変わっていくのです。

自分からいきなり踏み出せなくてもいい。しかし、そんな一歩を踏み出しかけた人がいたら、ぜひその人と一緒に自分も踏み出してみてください。最初のフォロワーになってみてください。**そうすればいつか、自分が最初の一歩を踏み出す人になれます。**

みんなで変わる力が、これからの未来をつくる力にきっとなります。

ストーリーで読む組織変革

第3幕

組織変革ドキュメント、いよいよ最終幕です。その後の、エコロジーシステム社はどうなったでしょうか。エコロジーシステム社の物語としては結末を迎えますが、モデルとなった企業は、今まさに現実の会社として存在しています。あなたと同じように、中島さんも福山さんも、日々、悩みながら自分の信じる未来のために、挑戦しています。

今、そしてこれからの未来。一緒につくっていきましょう。

思いをぶつけ合える関係性

初めて、部長たちが思いのたけをぶつけ合ったその日の夕方、日本橋室町の個室居酒屋にメンバーは集まった。仕事の都合で出遅れた者もいたが、七時には全員が揃った。メンバー全員が福山の音頭で乾杯し、改めて「マネハプの再現」が行われた。自らの口で伝えることを決意したプロセス、その日を迎えたいきさつ、いよいよ切り出すときの緊張感、言い終わったときの富岡の表情……。

マネハプでは、「再現フィルムのように語りましょう」とファシリテーターからいわれるが、このときは本当に、一部始終が再現された。そこにいた誰もが、その胸の鼓動と手ににじむ汗をともに体感した。

一通りの共体験が終わると、話は自然と、歪んだ組織の実態に移っていった。それぞれの現場で何が起こり、何が実現できないのか、生々しい経験が次々と披露された。そこには、損得勘定や組織の利害関係というしがらみは一切なかった。一人ひとりが思ったまま、感じたままのリアルな再現フィルムだった。その一つひとつには、実現したいのに叶わなかった思いや悔しさが滲んでいた。

あっという間に、数時間が経ち、その日の集まりは終わった。そして、毎週金曜日の夜を、こうした会合にあてることを決めて散会した。

翌週の金曜日の朝は、いつものように会議室で、ファシリテーターとともに会議室で内省と対話のワークショップがスタートした。マネハプから始まるが、これまでと違って、いきなり本音トークが炸裂した。先週の居酒屋から一週間が経っているので、いろんな話のネタがある。マネハプの後は、テキストに基づいた経験の振り返りを行う。「感情のマネジメント」「モチベーションの源泉」「協力行動を阻害するもの」とまさに自分たちのために用意されたようなテーマが続く。

あの日以来、中島をはじめ部長たちの生活は金曜日を中心に回るようになった。朝、オフィシャルなマネハプで今週の気づきを語り、テキストで必要な視点を学び、夜、それらをベースとして職場の現状を語り合った。初めは、特定の人や部門に対する批判が続いた。「○○が悪い」「△△さえ変われば」。しかし、徐々に、誰が悪いのかではなく、何が問題なのかを探るような会話に変わっていった。

「結局、何が悪いの？　個人だけの問題じゃないよね」

「階層が多いのが問題だよ。現場感覚がないのに、意思決定との間に人がいる。ここでいろんな情報が歪められたり、遮断されたりする」

「組織の数が多い。人を採用するときに、責任者として迎えるって、調子のいいことをいうから人の数だけ部ができる」

「それって、オレたちのことか？」

「……うん、正直、そういう面もあるんじゃないかな」

「…………」

「何のために、この会社に入ったんだ？　部長になるためか。そうじゃないよな」

「自由と挑戦。輝いていた、だからここに来た」

「輝きは取り戻せるよ。そうしないとここでこんな話をしている意味はない」


最初は、愚痴だった。あたかも大愚痴大会を、部長が集まって必死でやっているようでもあった。しかし、愚痴をすべて出し切ったら、そのエネルギーは自然と前に向き始めた。

三回目の会合のとき、中島は語りかけた。

「オレたちは、十分わかり合った。理解し合うことができた」

「でも、自分たちが理解しても、事態は何も変わらないよ」

「行動に移さないと意味がないんじゃないか」

特別な気負いはなく、ごく自然な語りかけだった。すると、皆の反応もとても自然で優しいものだった。

「そうだよ。これで終わっちゃいけないよな」

「変化につながる動きをしないと意味ないね」

行動しようという言葉が飛び交った後、おもむろに福山がいった。

「やっぱり社長がオーナーだから、社長に言うべきじゃないかな」

「社長も何かを期待していたわけだから。でも、こんなことまでは想像してなかっただろうけどね（笑）」

福山に、中島が応えた。

「そうだね。取締役のことも含めて、組織の全体や人のことを決められるのは、社長だけだしな」

「よし、社長に伝えよう」

「そう。結果がどうなるかわからないけど、オレたちにできることをしっかりやろう」

「ちゃんと受け取ってもらえるように、社長に直接伝えよう」

やることが決まると、行動に拍車がかかり、話し合う内容も具体的になっていった。

「そもそも、顧客を見ていない」

「組織図の上が社長で、一番下が顧客。これが間違っている。ここから直そう」

「階層を減らして、現場の声が意思決定に伝わるようにしよう」

「じゃあ、どこの階層を減らすんだ？　取締役と部長の間の、統括部長でいいよね」

「ＯＫ。でも、スタッフ部門もそうか？」

「組織を束ねよう。取締役の数と部長の数が同じっておかしくないか？　取締役は大きなくくりで方向感を決める役割。取締役の数が多すぎるよ。日常の案件はすべて部長に権限移譲すべきだ」

「具体的にどこまでを一つのくくりにしようか。このくくり方次第で、また変なサイロができちゃうかもしれないぞ」

「それに関連して、やっぱり人事はしっかり決めよう。この組織で、それぞれの役割を担う最適な人は誰だろう」

「人事のことを話し合う前に、約束事を決めよう。自分の役職にこだわらない。部長職はあがりポストでないことを、もう一度自分に言い聞かせよう」

こうして具体的な組織の形と人事の姿が見え始めたとき、誰かがいった。

「これって、かなり危険な資料だよね。どこかで誰かに見つかるとアウトだ。社長への提言だけど、手描きにしないか？　電子データにしていると、拡散してどこかで誰かに発見されるかもしれないから」

こうして、個室居酒屋で一枚の紙をのぞき込むおかしな集団ができた。

社長への提言

みんなで何度も何度も書き直した手描きのシートが完成すると、中島が直接、社長の三宅に次のメールを打った。

〈私たちが受けている研修のご報告をしたいと思います。自分たちなりに組織について、真剣に考えた内容です。言いにくいことも率直にと思っていますので、社長お一人にご報告させてください。1時間程度、お時間をいただけませんでしょうか〉

中島は、創業以来、社長の三宅と一緒に会社の土台をつくってきた。楽しいこともあったが、激しくぶつかることもあった。遠慮なくいろんなことを言い合える仲だと思っていたし、現に「オレがアポイントをとるよ」と、皆に軽く請け負った。しかし、いざ、「差しで話し合いたい」という段になって、微妙な距離感があることを思い知らされた。

「なんで、こんな持って回った敬語を使っているんだろうか」

しかし、それが自分たちの現実だった。

送信ボタンを押した後で、胸騒ぎのような、落ち着かない気持ちが押し寄せてきた。提言の場はもらえるんだろうか。三宅が一人で、話を聞いてくれるんだろうか。

心の内側はざわざわとした。

三〇分ほどで、社長からメールが返ってきた。

〈研修ご苦労さまです。皆さんから率直な意見を聞けることを楽しみにしています。来週の金曜日の夕方はいかがですか。18時以降は空いています。よければ社長室へ来てください〉

中島は、ホッとすると同時に、ドッと疲れが出た。たった三〇分の間だったが、かなりの緊張を強いられていたようである。

すぐに返事を送り、同時にみんなにメールを打った。

〈三宅さんに提言の時間をもらいました。来週の金曜日18時、社長室にてです。詳細は、今週末の会合で確認しましょう〉

いよいよ提言する場が決まったという興奮する気持ちを抑えて、きわめて冷静に、みんなに呼びかけた。

いよいよ提言の金曜日——。

社長室にところ狭しと部長が集合する。三宅は、続々と入室する部長たちの顔を、一人ひとり確認するようにじっと見つめていた。

口火は中島が切った。研修の機会をもらった御礼と、これまでの経緯を簡単に説明した。続いて、手描きの提言書を三宅の前に広げて説明を始めた。手描きのペーパーを見て、一瞬三宅は驚いたような表情だったが、すぐにあらかじめそういう報告を受けることが決まっていたかのように、いつもの顔つきに戻り、おもむろに身を乗り出した。

「本当に聞いてくれるんだ」

その様子をじっと見ていた福山は驚いた。他の部長と比べて、もっとも入社の遅い福山は、今日の提言の場が設定されたことにも戸惑いを感じていた。

提言をまとめる段階でも福山は、

「提言がどういう形になろうが、自分たちができうることをしっかり最後までやろう」

という気持ちが強かった。結果に期待することで、万が一のとき、失望することを避けようとしていた。しかし、今、自分たちが考えた提言は、前のめりになった社長に届いていた。

一通りの説明を中島が終えると、三宅が「やはり、そういう結論になるか」と漏らした。

その場にいる誰もがそれを聞いた。しかし、その真意がどこにあるのかは図りかねた。

その結論は期待通りのものだったのか……。だとしたらもっとうれしそうな表情になるはずだが、そうではなかった。

逆に、結論に落胆したのだろうか。落胆しているのなら、もっと繕うような言葉が出てきてもよさそうだが、発せられた言葉はその一言だけだった。

説明を終えた中島が、続けていった。

「この提言はみんなでつくったものです。それぞれの思いを一人ひとり、自分の言葉で伝えさせてください」

三宅は、少し姿勢を正して、うなずいた。

そして、順にそれぞれの言葉で、この提言に込めた思いを伝えた。それほど長い時間が経ったわけではないが、それぞれの思いが込められている言葉は重く、とても長く感じられた。最後に、最年少の福山が語った。

「私は、七年前、この会社が掲げていた『自由と挑戦』という理念に憧れて転職してきました。転職してから、昼も夜もなく、必死でシステム開発をしてきましたが、そこには間違いなく『自由と挑戦』がありました。とても充実した日々でした」

「しかし、いつしか、『自由と挑戦』はなくなり、『管理と保身』が横行するようになりました」

「私は、何のためにこの会社にいるのか、何をしようとしているのか、改めて問い直しました。自分が理想とするものを追求するために、今ここに、自分は存在していることを知りました。それを教えてくれたのは、この先輩方です」

「私は、この会社で、自分が理想とするものを最後まで追求したいと思っています。先輩方と一緒であれば、それは実現できると思っています。もう一度、挑戦する機会をください。それが私からのお願いです」

三宅は、じっと目をつぶってみんなの言葉を聞いていた。

そして、強くうなずき、こういった。

「みんな、ありがとう。久しぶりにみんなで食事に行くか」

中島は懐かしさが込み上げてきた。昔はこうだった。何かがあると、時間を忘れて、侃々諤々《かんかんがくがく》と思いをぶつけ合い、終わると皆で夜の街に繰り出して行った。社長も一緒にカラオケで盛り上がった。

しかし、自分たちの提言がどこまで受け止めてもらえたのか、最後までわからなかった。

組織が変わり、改革の一歩が

三月一日、恒例の新年度の組織・人事の発表。

社内に激震が走った。社員の誰もが驚く大改革だった。その内容は、まるで手描きの紙をタイプしたのではないかと思えるほど、酷似していた。

中島は、驚くとともに安堵した。

「あのとき、社長は何も言わなかったけれど、『やはり、そういう結論になるか』という言葉を漏らした。あれがすべてだったんだ。社長は最初からこうしたかったんだ。背中を押してもらおうとしていたのかもしれない」

同じ発表を、福山は驚きと同時に、身が引き締まる思いで受け止めていた。これまでの組織の壁が、大きく崩れるとともに、多くの人たちの人生を変える変革だった。

その提言をした自分たちの責任の大きさを強く感じた。これから誰が責任をもって、日々の案件の可否を決めるのか。

「自分が背負っていかなくては」

そう改めて言い聞かせていた。愚痴や不満を下の立場で言っているほうが、よっぽど楽だ。頭でわかっていたが、いざ責任を担うとなれば、それは想像の範囲を超えていた。

しかし、そこに迷いはなかった。いよいよ自分たちが描く会社を取り戻せるという武者震いも同時に感じていた。

一つの研修に参加した部長たちが、自分たちの心の中にある壁を超え、思いを重ね、自らの力で一歩踏み出した。それが社長の、会社の背中を押した。

彼らは、対話の大切さに、仲間の大切さに気づいた。

今度は自分たちが対話と仲間の大切さを広げる番だ。本当にこの会社を活気ある、自由と挑戦に満ちた会社に変えるために。本当の挑戦がスタートした。

「いろんな人が笑顔で話しに来ますね」

部長たちはその後も、月に一度、定期的に集まっている。

誰かがふと、みんなに問いかけた。

「組織図は変わったけどさぁ、オレたちは何が変わったんだろう?」

中島が即応した。

「僕は、仕事を流していたのは自分だということに気づいた。以前から、部下が仕事を流すというか、こなすだけの姿勢にイライラしてたんだけどね。でも、その姿勢って、自分の姿だったんだ。良かれと思って、いろんな提案をしても、ことごとく上やシステム開発部に跳ね返される。下りてくる仕事は、後処理的な仕事や先の見えない厄介な案件ばかり。こんなことやったって、何にもならないのに、って思っていた。こんな仕事、処理だけしとけばいいんだ、と知らず知らずに思っていた。それが部下にも伝わってたんだね」

「結局、イヤで逃げ出した前の会社の官僚的な仕事の仕方、そのままだった。何やってんだろうって、自分が情けなくなったよ。少し遅すぎたね。会社がおかしくなった一端は、僕にもあった。今は、自分の仕事も部下を見る目も変わった。同じ仕事でも前を向くことができるようになった」

続いて、福山が口を開いた。

「最近、部下からうれしい話を聞いたんだ」

「先日の部の打ち上げで、若手の女性が話してくれたんだけど、『最近、福山さんのところに、いろんな部長さんが来られますよね。以前は他の部の部長がうちに来るなんてなかったです。しかも、笑顔で話してるんですよ。最初はびっくり。でも、一人の部長じゃなくて、いろんな部長が笑顔で話に来るんです。うちの部はとっても明るくなりました』ってさ。見られてるんですね。僕たちは」

「見られているし、オレたちが変われば、組織が変わるよ」

中島が応じると、みんなの笑顔が広がっていった。

おわりに

この本を執筆してきた数カ月間、ずっと抱いてきたのは、どんなに状況が苦しくても、仕事や職場の将来をあきらめない、未来にワクワクできる、そういう気持ちをみんなが持てる社会をつくりたいという思いでした。

ただ単に、将来に希望を持とうということではなく、そのために必要なものは何なのか、どうすればいいのかも具体的に示したいと思い、組織を変えていった実例を交えることにしました。

そして、これまでジェイフィールが支援させていただいた企業の方々に、事例として、生の経験の披露をご快諾いただきました。すべての方のお名前を紹介することはできませんが、代表のお名前をご紹介することで、あらためて御礼を申し上げたいと思います。

日産化学工業の瀧下秀則さん、渡邉淳一さん、梅澤真吾さん。トヨタファイナンスの高橋聖二さん、矢田真士さん、鈴木昌子さん、馬渕祐司さん。テルモの赤池義明さん、繁田一伸さん。富士通グループの飯島健太郎さん、萩原淳さん、白濱三佐子さん。そして、片岡裕司さん、山中健司さんをはじめとするジェイフィールの同僚たち。本当にありがとうございました。

ここには、ご自身の経験を披露することで、ワクワクする職場が一つでも多くなればという、多くの人の気持ちが詰まっています。誰かのためになりたい、貢献したいという思いを受け止めつつ、この本を記すことができました。

自分を守ろうとすると人は弱くなり、誰かのためにと思うと、人は強くなれる。つくづくそう思います。

今の職場、このままでいいんだろうか、何とかしたいと思いつつ、どうしていいかわからない、一歩踏み出す勇気が持てないとき……。難しく考えず、「何とかしたい」という気持ちを誰かにそっと打ち明けてみてください。きっと、同じように感じている、考えている誰かがいます。同じ気持ち、同じ思いが、孤独感から開放させてくれ、未来に向けた手がかりを与えてくれます。

仲間と困難なことに挑戦することで、人は成長し、仲間を信じ、信頼されることを経験します。本書がきっかけとなり、ワクワクする職場づくりが増え、そのプロセスの中で、自分の未来にワクワクする人が一人でも増えることを願っています。

【著者略歴】

高橋克徳（たかはし　かつのり）

株式会社ジェイフィール代表取締役社長。東京理科大学大学院イノベーション研究科教授

1966年生まれ。一橋大学大学院修士、慶應義塾大学大学院博士課程単位取得。野村総合研究所、ワトソンワイアットにて、組織開発、人材開発に関するコンサルティングに一貫して従事。ジェイフィール設立以降、組織感情、つながり力、コネクティングリーダーなど、日本企業再生に向けた新たなコンセプトを次々に提示し、「感情とつながりの再生が、人と組織を強くする」と主張する。2008年に出版した『不機嫌な職場』（共著、講談社）は、28万部のベストセラーとなり、職場に焦点を当てた組織変革への動きをつくり出した。その後も、『職場は感情で変わる』（講談社）、『潰れない生き方』（ベストセラーズ）、『人が「つながる」マネジメント』（中経出版）など、変革へのメッセージを出し続けている。2013年からは東京理科大学の専門職大学院（MOT、技術経営）にて教鞭を執り、未来を切り拓くイノベーターの育成にも注力している。

重光直之（しげみつ　なおゆき）

株式会社ジェイフィール取締役

1959年生まれ。大阪府立大学卒。株式会社ニイタカにて研究開発およびＴＱＣ、ＱＣサークルの事務局に従事。社団法人日本能率協会に移り、マネジメント教育、リーダー育成を手がける。2007年、ジェイフィール設立後、H・ミンツバーグ教授との出会いからリフレクション・ラウンドテーブル（RRT）を日本に導入。自らの経験をもとに、ミドルが力を発揮してイキイキできる組織づくりに注力する。2011年、フィル・レニールとRRTを素材にした『ミンツバーグ教授のマネジャーの学校』（ダイヤモンド社）を出版し、新しい研修のスタイルを確立した。建前を排除し、働く人たちの本音に迫るスタイルを貫いており、心の内面を表現するスキット脚本も数多く執筆している。一人ひとりの気持ちを大切にし、働くことの喜びを未来につなげていく動きを組織に定着させることをテーマに取り組んでいる。

株式会社ジェイフィール

2007年、サザンオールスターズ、福山雅治らを抱える総合エンターテインメント企業、株式会社アミューズのグループ会社として設立。演劇や映像など、人の心を動かすエンターテインメントの技術を活用しながら、人と組織の感情に働きかけ、ともに変わる関係を構築し、組織全体に連鎖を起こしていく独自の理論とノウハウを持つ変革コンサルティング企業として、新たな領域を創り出している。2012年には、第1回HRアワード（日本の人事部）の教育・研修部門、最優秀賞を受賞。

http://www.j-feel.jp/

ワクワクする職《しょく》場《ば》をつくる。
「良《よ》い感情《かんじょう》の連鎖《れんさ》」が空気《くうき》を変《か》える

2015年３月７日　初版第１刷発行
2020年11月13日　初版第６刷発行

著　者──高橋克徳、重光直之
発行者──岩野裕一
発行所──株式会社実業之日本社
〒107-0062　東京都港区南青山5-4-30
CoSTUME NATIONAL Aoyama Complex 2F
電話 03-6809-0452（編集部）
03-6809-0495（販売部）
https://www.j-n.co.jp/
印刷・製本-大日本印刷株式会社

ISBN978-4-408-11137-7（学芸ビジネス）